Das Neü erbaúte, Chúrfürste
haúpt, Schlos, Sambt Den
·1t·quadrat, Der Ressdens
Statt , Manheimm
·17 26·
Édifice, Jean, Clemens, de
froimon,

Prinzessinnen und Favoritinnen

Meiner Tochter Dorothee Maria Regina und ihren Betreuerinnen und Betreuern in den Johannes-Anstalten in Mosbach gewidmet.

Autor und Verlag danken folgenden Persönlichkeiten und Institutionen, die durch ihr Mäzenatentum das Erscheinen des Buches gefördert und möglich gemacht haben:

Bauhaus Gesellschaft für Bau- und Hausbedarf mbH & Co, Mannheim

Inter-Krankenversicherung a. G., Mannheim

Dipl.-Ing. Gert Kordes, Mannheim

ÖVA-Versicherungen Mannheim

Stadt Mannheim

Stadtsparkasse Mannheim

Südwestdeutsche Landesbank, Stuttgart/Mannheim

Verein zur Förderung der wissenschaftlichen Weiterbildung an der Universität Mannheim e. V.

Karl J. Svoboda

PRINZESSINNEN UND FAVORITINNEN

– Kurpfälzische Frauengestalten –

edition quadrat

Alle Ablichtungen aus dem Kurpfälzischen Museum der Stadt Heidelberg: Foto: Helmuth Humm

Abb. auf dem Bucheinband vorne: Die Prinzessinnen Elisabeth Auguste, Maria Franziska Dorothea und Maria Anna Josepha beim Musizieren, Elisabeth Auguste am Spinett, Maria Franziska Dorothea mit Laute, Johann Peter von der Schlichten, um 1740, Städt. Reiß-Museum Mannheim (modifizierter Ausschnitt).

Vorsatz vorne: Schloß, perspektivische Ansicht von J. C. Froimont, 1726, Städt. Reiß-Museum Mannheim.

CIP-Titelaufnahme der Deutschen Bibliothek

Svoboda, Karl J.:
Prinzessinnen und Favoritinnen : kurpfälzische Frauengestalten / Karl J. Svoboda. – Mannheim : Ed. Quadrat, 1989
ISBN 3-923003-45-5

Schutzumschlag: Seib & Partner, Mannheim
Gesamtherstellung: Progressdruck GmbH, Speyer

ISBN 3-923003-45-5

Inhalt

Vorwort

Die Position der Frau, besonders in Geschichte gewordenen Zeiten, war in gesellschaftlicher und rechtlicher Hinsicht mit geringen Möglichkeiten persönlicher Gestaltung versehen und weitgehend fremdbestimmt. In der Geschichtsschreibung werden weibliche Persönlichkeiten, von wenigen Ausnahmen abgesehen, meist da erwähnt, wo sie eine Rolle als Trägerin dynastischer Hoffnungen und Ansprüche oder als reizvolles Objekt erotischer Leidenschaften und Engagement persönlicher Gefühle männlicher Potentaten spielten.

Ungeachtet dieser Festlegungen einer, ebenso in diesem Bereich, international gleichartigen Gesellschaft erwuchsen starke weibliche Persönlichkeiten, die sich einen persönlichen Freiraum schaffen konnten. Mit Bewunderung läßt sich dies überall in Europa beobachten.

Dies gilt desgleichen für die pfälzische, die kurpfälzische Region. Sie besaß (und wurde besessen) eine höfische Gesellschaft von damals internationalem Standard. Auch hier erwuchs eine Reihe weiblicher Persönlichkeiten von ausgeprägter Individualität. Wie sie ihre Rolle als Prinzessinnen oder als Favoritinnen meisterten und dennoch existentiell Frau blieben, in einer Epoche, in welcher der kurpfälzische Hof sich mit Versailles maß, hat den Verfasser gefesselt. Ist doch Geschichte geronnene Erfahrung.

Eine zusammenfassende Darstellung der aus dem Dunkel der Geschichte herausgetretenen Frauen des kurpfälzischen Hofes im 18. Jahrhundert fehlte bisher.

Der Verfasser glaubt sich zu der Annahme berechtigt, daß das Schicksal dieser Frauen, auch in der notwendigerweise bruchstückhaften Darstellung, die Frauen der Gegenwart besonders interessieren wird. Letztendlich befinden sie sich nicht weniger im Spannungsfeld auferlegten oder angenommenen Rollenspiels einerseits und existentieller Weiblichkeit andererseits.

Das Buch fühlt sich der Sprache jener Epoche verpflichtet, die Gegenstand der Darstellung ist. Der Leser wird in weiten Passagen die Sprache der damaligen Zeit vorfinden. Sie sollen ihm, soweit er an Geschichte interessiert, jedoch kein Fachhistoriker ist, das Einfühlen in die damaligen Verhältnisse erleichtern, aber ihm auch Milieu und Denkweise der Menschen des geschilderten Zeitalters nahebringen.

Die Quellenlage war, was insbesondere die Gestalten der Favoritinnen betrifft, schwierig. Das Bayerische Hauptstaatsarchiv sowie das geheime Hausarchiv des Hauses Wittelsbach in München ließen mitteilen, daß über diese Frauen keine verwertbaren Archivalien vorhanden seien. Lediglich Gesandtschaftsberichte aus Mannheim versprachen, einiges herzugeben. Dies gilt insbesondere für die Gesandtschaftsberichte des Grafen Andreas von Riaucour von Mannheim an den Dresdner Hof aus den Jahren 1749 bis 1778. Das Schicksal der Berichte Riaucours, von ihm selbst oder dem Gesandtschaftssekretär Jos. Dav. Zapff verfaßt, die, nach Jahrgängen geheftet, eine stattliche Reihe umfangreicher Faszikel bildeten und im ehemals königlich sächsischen Hauptstaatsarchiv in Dresden aufbewahrt wurden, ist dem Verfasser unbekannt. Der Zerstörung Dresdens im Zweiten Weltkrieg können auch diese Quellen zum Opfer gefallen sein.

Einen Glücksfall für den Verfasser stellte es dar, daß das Stadtarchiv Mannheim den wissenschaftlichen Nachlaß von Prof. Dr. Friedrich Walter aufbewahrt und sich in diesem handschriftlich angefertigte Exzerpte aus den Gesandtschaftsberichten Riaucours, die Favoritinnen betreffend, befinden. Eine wichtige Quelle stand zur Verfügung!

Die Realisierung dieses Buches war weitgehend von Unverständnis und Indolenz begleitet. Der Verfasser ist durch seine beiden Bücher „Residenz aus Trotz und Trotzdem – Das Mannheimer Schloß" (Mannheim 1977) und „Galerien und Gala am kurpfälzischen Hofe zu Mannheim – Kunstsammlungen, Oper und Konzert“ (Heidelberg 1979), die durch die vorliegenden Darstellungen ergänzt werden, bereits in Sachen europäisches Mannheim hervorgetreten. Dennoch wurde die Gewährung eines städtischen Zuschusses vom zuständigen Amt von einem Gutachten eines Wissenschaftlers abhängig gemacht!

Letztendlich erfolgte die städtische Förderung durch die Entschiedenheit des Ersten Bürgermeisters der Stadt Mannheim, Herrn Manfred David, dem an dieser Stelle gedankt sei. Dank gebührt insbesondere Herrn Prof. Dr. Bernhard Kirchgässner, Direktor des Seminars für Wirtschafts- und Sozialgeschichte sowie Inhaber des gleichnamigen Lehrstuhls an der Universität Mannheim, der die Arbeit wohlwollend kritisch begleitete und auch als „Anwalt“ für das Buch in Erscheinung trat. Herzlich danken möchte der Verfasser Frau Undine Kosok vom Städtischen Reißmuseum in Mannheim. Ihre Freundlichkeit, Geduld und Hilfsbereitschaft ersparten dem Autor viele zeitraubende Wege und stellten eine große Erleichterung bei der Werkerstellung dar.

Als der Verfasser schon nicht mehr an die Realisierung glaubte, wurde er durch tatkräftige Hilfe von engagierten Persönlichkeiten ermutigt. Hier seien genannt die Herren Fred May und Dr. Hans Joachim Rieken, Vorstandsmitglieder der Stadtsparkasse Mannheim. Ihnen sei hier gedankt.

Weiter möchte der Verfasser besonders danken den Herren Prof. Dr. Horst Wagenblaß und Notariatsdirektor Helmut Gräßlin, die das Engagement in diesem historischen Bereich mit dem Autor teilen und ihm mit Worten und Taten den ausschlaggebenden „Drive“ für die Realisierung des Buches gaben.

Dem Verleger, Herrn Bernhard Wipfler, sei für die schöne Gestaltung und reiche Ausstattung gedankt.

Dem Autor liegt besonders daran, einen Dank nachzutragen, der Herrn Dipl.-Ing. Gert Kordes gebührt. Er gehört nicht nur zu den Förderern des vorliegenden Buches, sondern auch zu den Förderern des o.g. Buches „Galerien und Gala“. Aus drucktechnischen Gründen konnte dies dort nicht zum Ausdruck kommen.

Mannheim, im Januar 1989

Einleitung

Im Süden Frankreichs, am blau-grünen Mittelmeer, im flirrenden Sonnenlicht des Sommers tritt eine junge Frau aus dem Strandausgang eines Hotels!

Azur des Himmels umfließt die schöne Gestalt. Natürlichkeit und Grazie lenken den Blick auf sie. Kein Einzelfall hier, weitweg von Paris, von Versailles, von jener Zeit, da Versailles zahlreiche Nachahmer fand, u. a. in Mannheim, in dessen Schloß!

Die Frauen damals, adlige und nichtadlige Damen, in Roben aus kostbaren Stoffen: Samt, Seide, Brokat, hermelin- und stickereibesetzt, raffiniert gefaltet, sind nicht weniger erotisch gekleidet. Kunstvoll steigt aus dem schimmernden Rahmen der Gewandung die helle Büste, überleitend zum schlanken Hals, auf dem ein anmutig gehaltener Kopf sitzt, dessen verhaltenes Antlitz von Puderperücke und Diadem umrahmt ist. Der dreiviertellange Ärmel mit Schleiermanschette zeigt den zierlichen Arm mit wohlgeformter und – posierter Hand. Die Falten des Gewandes deuten Knie und Bein an.

Ein Blickfang für die Herren der Schöpfung, damals nicht minder fesselnd als heute. Vielleicht feinsinniger, kultivierter, überkultiviert. Contenance, Haltung, Pose waren bedeutend in jener Zeit des späten Barocks und Rokokos. Sie bestimmte die weibliche Erziehung und Wirkung. Bei Prinzessinnen und Favoritinnen, Mätressen. Auch in Mannheim!

Verhaltenheit, aber Bereitschaft zum raffinierten Spiel des amourösen Schachs, bei welchem der mattgesetzte König immer die Frau war, wurde von ihr erwartet, gleichgültig, ob sie das Band der Ehe umgab oder nicht. Im ersteren

Fall war oberstes Gebot die Beobachtung der Optik, der Etikette; der Ehemann durfte nicht kompromittiert werden – ein Gebot, über das viele der höfischen Ehemänner kaltblütig hinweggingen.

Kapitel 1

Die Prinzessinnen

Betritt man das mächtige Treppenhaus des Mannheimer Schlosses vom Ehrenhof und schreitet die majestätische, streng geometrische Treppe empor, so fallen sofort die Deckengemälde des Malers Carolus Vocke ins Auge, die er von Cosmas Damian Asam übernommen und, wie das Licht, gebrochen im Prisma, in seiner Person wiedererstehen ließ. Diese Bilder sind erfüllt von Gestalten der griechischen Mythologie, Göttern und Heroen, die im Zeitalter des Absolutismus Leitbilder der Fürsten waren. In unserem Falle sind es Themen aus den Dichtungen des Homer sowie der Äneis des Vergil: In der Mitte das Urteil des Paris; über dem westlichen Treppenaufgang die Darstellung des Versuches des trojanischen Helden Äneas, nach Latium zu gelangen und über dem östlichen Treppenaufgang die Darstellung der Übergabe der Waffen aus der Werkstatt des Hephästos (Vulkanus), des Gottes des Erdfeuers und Schutzgottes der Schmiedekunst, an den jungen Äneas auf Geheiß der Göttin Aphrodite (Venus).

Wird im westlichen Treppenaufgang Äneas durch den Zorn der Göttermutter Hera (Juno) mit Hindernissen konfrontiert, so wird er im östlichen Aufgang mit der Gunst der Göttin Aphrodite versehen, was nicht wundert, gilt er doch als Sohn derselben.

Dieses Deckenbild fällt durch eine Merkwürdigkeit auf. Wie in der Arena eines antiken Theaters tummeln sich die Götter und Heroengestalten in heiterer und unbefangener zwangloser Kleidung, wobei insbesondere die schöne Göttin den Reiz ihrer gesamten Gestalt dem Betrachter darbietet, nur soviel verhüllt, als es der Anstand gebietet.

Das ganze Szenario wird gleichsam wie von Sitzplätzen in einem Amphitheater, von terrassenartigen Felsen und Wolkenbänken umgeben. Auf einer dieser Wolkenbänke sitzen drei reizende Rokokodamen, nur das zeigend, was die

Mode damals gestattete. Die Farben ihrer Roben sind fein abgestimmt.

Es sind die drei Enkelinnen des Kurfürsten Karl Philipp, der den Schloßbau initiierte und zu dessen Lebzeiten das Treppenhaus, das Corps de Logis sowie Ehrenhofflügel nebst Schloßkirche vollendet wurden: Elisabeth Maria Aloysia Auguste, Maria Anna Josepha sowie Maria Franziska Dorothea Christine waren zur Entstehungszeit des Gemäldes, das Cosmas Damian Asam im Jahre 1730 malte, erst neun, acht und sechs Jahre alt. Von den aus den beiden ersten Ehen des Kurfürsten Karl Philipp hervorgegangenen sechs Kindern ist nur eine Tochter, nämlich die Pfalzgräfin Elisabeth Auguste Sophie über das Kindesalter hinausgekommen. Diese Prinzessin galt zeitgenössischen Berichten zufolge als schön und hatte sehr viele Vorzüge, um den Trost ihres Vaters zu bilden und von denen, die sie kannten, bewundert zu werden. Der Kurfürst vermählte sie in Innsbruck mit dem Erbprinzen Joseph Karl Emmanuel von Pfalz-Sulzbach. Aus dieser Ehe gingen sieben Kinder hervor, von denen unsere drei Prinzessinnen überlebten. An der Geburt des letzten Kindes, eines Prinzen, ist auch die Mutter im Alter von nur 34 Jahren gestorben. Der Vater der Prinzessinnen starb knapp anderthalb Jahre später gleichfalls im Alter von 34 Jahren.

Der Tod dieser beiden Menschen hat in dem Gemüt des Kurfürsten Karl Philipp tiefe Spuren hinterlassen und ihm jene heitere Unbefangenheit genommen, die ihn empfänglich für das gemacht hatte, was ihm Unterhaltung bot. Er, der früher Pracht und Vergnügen liebte, lebte verhältnismäßig still und zurückgezogen, er speiste nur noch an kleiner Tafel, ausgenommen an Festtagen und bei Anwesenheit eines fremden Fürsten. Nach Besuch der offiziellen Messe in der Schloßkirche zog er sich gewöhnlich in ein Gemach seiner Wohnräume zurück, um sich mit den Höflingen zu unterhalten oder bis zur Essenszeit Billard zu spielen. Nach dem Essen folgten etwa zwei Stunden Bettruhe, danach gewährte er Ministern und Privatpersonen Audienz.

Deckenbild über dem östlichen Aufgang im Treppenhaus des Mittelbaus des Mannheimer Schlosses, rechts oben die spätere Kurfürstin Elisabeth Auguste mit ihren beiden Schwestern, von Carolus Vocke nach Cosmos Damian Asam, 1955/61, Foto v. Verfasser

Die hinterlassenen drei Prinzessinnen waren des Kurfürsten ganze Freude, obgleich, wie zeitgenössische Berichte überliefern, sie ununterbrochen die traurige Erinnerung an seine Tochter erneuerten.

Die drei Prinzessinnen wurden sorgfältig erzogen. Das Deckenbild stellt gleichsam das Ziel der Erziehung vor. Die mittlere der drei Prinzessinnen trägt unverkennbar die Züge der nachmaligen Kurfürstin Elisabeth Auguste. Ihre Haltung richtet sich auf den jungen Äneas in der Arena. Die Gestalt des Äneas kann zweierlei Deutung erfahren: Er kann eine Allegorie auf den Kurfürsten Karl Philipp sein, als Gründer der neuen Residenz Mannheim, gleichsam wie Äneas der Stammvater der Römer ist, dessen Sohn Julus die Stadt Alba Longa, die Mutterstadt Roms, gegründet hat. Es läßt sich aber auch die Deutung vertreten, daß die Gestalt des Äneas den jungen Kurprinzen Karl Theodor verkörpert, der ein Neffe des Vaters der drei Prinzessinnen war. Gleichsam, wie einst Äneas und seinem Geschlecht auf dem überreichten Schild eine glorreiche Zukunft prophezeit wurde, soll das dem gegenwärtigen oder zukünftigen Fürsten und seinen Nachfahren zuteil werden. Der Kurprinz Karl Theodor war der einzig übrig gebliebene Erbe des Kurfürsten Karl Philipp, nachdem sowohl sein Vater, als auch der mit der Tochter Karl Philipps verheiratete Bruder seines Vaters im gleichen Jahr verstorben war. Die Prinzessin Elisabeth Auguste galt gleichzeitig aber auch als Trägerin der Erbansprüche auf die Herzogtümer Jülich und Berg, am Niederrhein gelegen, so daß aus dynastischen und politischen Gründen von vornherein eine Ehe zwischen dem späteren Kurfürsten Karl Theodor und der Enkelin Elisabeth Auguste ins Auge gefaßt wurde.

Was die äußeren Lebensbedingungen betraf, war es äusserst angenehm, als Dame von Stand, insbesondere als Prinzessin geboren zu sein. Sie genoß alle Privilegien und konnte den ihrem Range gebührenden Respekt von aller Welt erwarten. Der Preis hierfür war jedoch hoch. Die Prinzessinnen hatten hinsichtlich des Umgangs, aber auch der

Johann Christian von Pfalz-Sulzbach, Vater des späteren Kurfürsten Karl Theodor, unbekannter Meister um 1720–1725, Kurpfälzisches Museum Heidelberg

partnerschaftlichen Verbindung keinerlei Gefühle zu beanspruchen. Sie waren Mittel der Politik, Medien, die dynastische Kontinuität durch die Geburt eines legitimen Erben zu sichern; ihnen war die Rolle eines Rechtstitels, d.h. Trägerin von Ansprüchen auf ein dynastisches Erbe und Zahlung von Mitgiftsummen zugewiesen.

Unter diesen Gesichtspunkten erfolgte ihre Verehelichung. Es zählte im 17. und 18. Jahrhundert zu den vornehmsten Aufgaben der diplomatischen Vertreter eines Fürsten bei einem fremden Hofe, Heiraten zustande zu bringen, die eine mit einem wohlversehenen Rechtstitel verbundene Prinzessin in den Hofstaat ihres Herrschers einbrachte. Gab es eine solch attraktive Prinzessin an irgendeinem der bedeutenden Höfe Europas, so beeilten sich die Diplomaten, mit schnellen Kurieren das Einverständnis ihres Herren in eine Eheschließung zu erwirken. Die Ehe wurde dann per procura, d.h. in Stellvertretung durch den Diplomaten noch vor Ort geschlossen, um anderen Interessenten zuvor zu kommen. Die Gefühle der betreffenden Prinzessin hatten der Staatsräson zu weichen. Die Schwester des Kurfürsten Karl Philipp, die Pfalzgräfin Maria Anna von Pfalz-Neuburg, wurde auf solche Art und Weise mit König Karl II. von Spanien vermählt. Nach ihrer Eheschließung schrieb sie, daß sie zwar heute Königin, vorher jedoch frei gewesen sei. Solcherlei Eheschließungen waren nicht nur üblich zur Sicherung von Erb- und Mitgiftansprüchen, sie waren auch Bestandteil der Zeremonien bei Abschluß eines Bündnisses oder bei Beendigung eines Krieges durch Friedensschluß. Die erwähnte Maria Anna von Pfalz-Neuburg wurde als junge spanische Königin daran erinnert, daß es ihre Pflicht sei, Jahr für Jahr ein Kind zu gebären, daß nur fruchtbare Königinnen Anspruch darauf hatten, in der Königsgruft beigesetzt zu werden – eine nicht sehr hoffnungsfrohe Zukunftsperspektive!

Das Hauptaugenmerk der Erziehung von Prinzessinnen mußte also auch darauf gerichtet sein, diese in den Augen der europäischen Höfe attraktiv, d.h. hoffähig in Verhalten und Bildung zu machen. Dementsprechend gestaltete sich auch das Erziehungsprogramm.

Welchen Inhalts das Erziehungsprogramm für die Prinzessinnen war, können wir aus den Instruktionen für die Obersthofmeisterinnen entnehmen. Nach dem Tode der Gräfin von Winckelhaussen wurde die Reichsgräfin Maria Violanta Theresia von Thurn und Taxis durch kurfürstliche Schreiben vom 27. Dezember 1732 und vom 30. April 1733 zur Obersthofmeisterin bestellt. Mit ihr hat man eine in den Sitten des Hofes erfahrene Frau berufen, war sie doch schon vorher Hofdame der Mutter der Prinzessinnen gewesen. Nach ihrem Tod am 15. November 1734, als heimlich angetraute dritte Gemahlin des Kurfürsten Karl Philipp, wurde die Gemahlin des kurfürstlichen Oberststallmeisters, die Gräfin Johanna von Thurn und Taxis zu ihrer Nachfolgerin bestellt. Die Instruktion für die Gräfin Maria Violanta Theresia wurde im Wortlaut auf sie übertragen. Eine weitere Instruktion, die viel kürzer gefaßt ist, datiert bereits aus dem Jahre 1727 und ist an eine uns unbekannte Kammerjungfer, eine Vorgängerin der genannten Erzieherinnen gerichtet. In dieser Instruktion finden wir die wichtigsten Erziehungsrichtlinien für die drei Prinzessinnen. Sie umfaßt 17 Punkte neben einer Tagesordnung. Sie formuliert in ihrer Einleitung als oberstes Ziel die Erziehung der jungen Pfalzgräfinnen, in der Furcht Gottes, in christlichen Tugenden und angenehmen Sitten von zarter Kindheit an.

Die Erzieherin wird darauf hingewiesen, daß sie kein geringes, sondern ein sehr großes und gewissensstrenges Werk auf sich nehme und in der Verantwortung vor Gott und ihrem eigenen Gewissen stehe. Die Erzieherin habe durch eigenen tugendvollen Lebenswandel Vorbild für die ihr anvertrauten Schülerinnen zu sein.

Die Erzieherinnen hatten darauf zu achten, daß die jungen Herrschaften höfische und höfliche Sitten, Manieren und Haltung einübten, und ihnen guter, leutseliger Humor und anständige Gebärden eigneten. Die angeborene Launenhaftigkeit, verbunden mit Eigensinnigkeit, Ungehorsam

u. ä. m. sollten abgestellt werden. Die jungen Prinzessinnen sollten sich in Beständigkeit üben. Die Erzieherinnen sollten nicht mit dem übrigen Dienstpersonal zusammen speisen, sondern die an der herrschaftlichen Tafel, die für die Prinzessinnen gerichtet ist, übriggebliebenen Speisen gesondert verabreicht erhalten. Sollten die Erzieherinnen gezwungen sein, abwesend zu bleiben, so haben sie jederzeit für eine adäquate Vertretung zu sorgen.

Die Prinzessinnen werden absolut isoliert gehalten, Besuche sind vorher anzukündigen und nur bei ausdrücklicher Genehmigung durch die Obersthofmeisterin möglich. Diese Isolierung gilt auch während der Studienzeit, die noch nicht schulungsfähigen Prinzessinnen sind während des Unterrichts der größeren Prinzessinnen unter getrennter Aufsicht zu halten. Dabei soll aber diejenige Prinzessin, die noch nicht unterrichtet werden kann, das Stillsitzen und insbesondere bei den geistlichen Gesprächen das Zuhören eine Zeitlang üben. Sollte sich eines der fürstlichen Kinder bei einem Unfall verletzen, so hat die Erzieherin sofort die Obersthofmeisterin oder den zuständigen Leibmedicus zu verständigen.

In einem Zeitalter, in dem Infektionskrankheiten angesichts der medizinischen Möglichkeiten eine tödliche Gefahr darstellten, war es selbstverständlich, daß man auch sonstige geringere Krankheitsanzeichen wie Magenschmerzen oder andere Unpäßlichkeiten, unverzüglich der Obristhofmeisterin anzeigte und die kranke junge Herrschaft besonders beobachtete. Es wird daher besonders auf die Einhaltung einer bestimmten Hygiene abgehoben. Auch hat der Studiertisch für die Christenlehre und für den Unterricht in französischer Sprache bereits vorher gesäubert und präpariert zu sein, damit die Zeit optimal genutzt werden könne; vorher hatten die Prinzessinnen die Messe zu hören und sich dann unverzüglich in das Studierzimmer zu begeben. Der Sorge um die Gesundheit der Prinzessinnen galt auch, daß nach Möglichkeit der Besuch in der Stadt in anderen Adelshäusern oder der Empfang von fremden Besuchen tunlichst vermieden wurden. Statt dessen sollten die Erzieherinnnen für die entsprechende Freizeitbeschäftigung der Prinzessinnen sorgen.

Die genannten Instruktionen dienten dazu, Raum zu schaffen für die Einhaltung eines dichtgedrängten und vollgepackten Tagesprogrammes. Dies sah so aus, daß die Prinzessinnen um 7.00 Uhr morgens aufstehen mußten; sie hatten dann laut und langsam das Ave Maria und das Morgengebet zu verrichten. Sie wurden anschließend sofort angekleidet. Um 8.00 Uhr begann die Lektion in Französisch. Um 9.00 Uhr oder auch etwas später sollten sie sich im Schreiben üben, gedruckte und geschriebene Nachrichten überlesen oder entsprechende Lehrsätze aus dem Kathechismus auswendig lernen. Um 10.00 Uhr folgte die Christenlehre. Um 11.00 Uhr wurde die Heilige Messe gehört, anschließend sollten wieder die französischen Lehrtexte überlesen werden. Um 12.00 Uhr wurde die Mittagstafel serviert. Anschließend folgte eine Erholungspause. Der Mittagsruhe schloß sich um 14.00 Uhr der Tanzunterricht, um 15.00 Uhr der Deutschunterricht sowie Unterricht im Lesen von Zeitungen, d. h. Nachrichten lesen sowie erneut in Christenlehre an. Um 16.00 Uhr wurde erneut Französisch-Lektion gegeben. Eine halbe Stunde vor dem Nachtessen, das um 18.00 Uhr folgte, sollte eine Ruhepause eingelegt werden. Anschließend noch einmal eine Erholungszeit eingeräumt sein. 20.00 Uhr abends wurde erneut Lektion in französisch betrieben, worauf das Nachtgebet zu erfolgen hatte; und um 21.00 Uhr abends wurde zu Bett gegangen. Lediglich der Nachmittag des Dienstag und Donnerstag sollte frei sein; und an diesen Tagen sowie auch an Sonn- und Feiertagen konnte etwas länger geschlafen werden.

Es sind die gleichen Instruktionen, wie sie bereits für eine Schwester des Kurfürsten Karl Philipp, für die Pfalzgräfin Eleonore Magdalena Theresia, vom Kurfürsten Philipp Wilhelm erlassen wurde. Sie war später die Gemahlin Kaiser Leopolds I. von Habsburg.

Viel umfangreicher ist die Instruktion für die beiden Gräfinnen von Thurn und Taxis anläßlich ihrer Bestallung zu Obersthofmeisterinnen der drei Prinzessinnen. Sie umfaßt 50 Punkte, deren Schwerpunkt insbesondere auf der Beobachtung der medizinischen und hygienischen Bedingungen liegt, was angesichts des erst kurz zurückliegenden Todes der einzigen Tochter des Kurfürsten naheliegend ist.

Hinsichtlich des Tagesablaufes ergeben sich detailliertere Bestimmungen; so sollen die Prinzessinnen zur Sommerzeit um 7.00 Uhr oder um ½8 Uhr, im Winter aber spätestens um 8.00 Uhr aufstehen, es sei denn, daß die eine oder andere schlecht geschlafen hat. Die zweite der Prinzessinnen sollte eine Stunde länger im Bett bleiben können, dagegen sollte Elisabeth Auguste als die älteste, und weil sie von allen dreien die robusteste Gesundheit hatte, die vorgegebenen Zeiten einhalten.

Die jüngste der Prinzessinnen, Maria Franziska Dorothea, war offensichtlich schon immer sehr früh wach, denn die Instruktionen weisen darauf hin, daß sie für gewöhnlich schon um 7.00 Uhr nicht mehr schlafen könne, so daß sie aus ihrem Bett aufgehoben und angekleidet werden sollte. In Schwetzingen und wohl auch in Mannheim hatte jede Prinzessin ihr eigenes Schlafzimmer. Sobald die Zeit zum Aufstehen gekommen war, sollten die Vorhänge und Fensterläden geöffnet werden, dann die beiden inwendigen Türen geöffnet werden, damit die Erzieherin die übrigen Zimmer der beiden anderen Prinzessinnen beobachten konnte. In Schwetzingen sollten in der Winterszeit, wenn die Lichter in die Zimmer getragen wurden, die Fensterläden und die Vorhänge sogleich geschlossen werden, im Sommer sollten die Fenster geschlossen bleiben, damit die Schlafzimmer vor Schnaken und anderem Ungeziefer bewahrt blieben.

Auch die Hygienevorschriften sind etwas detaillierter gefaßt. Die Prinzessinnen sollten ihre Strümpfe und den Schlafrock anziehen und sofort den Mund waschen. Desgleichen sollten sie ihre Zähne putzen und die Kammer-

Blick auf das Schwetzinger Schloß von der Gartenseite aus, Aquarell von G. Schenkh, 1864, Kurpfälzisches Museum Heidelberg

jungfrauen das Haar der Prinzessinnen kämmen und sauber halten. Zuvor jedoch mußten die Prinzessinnen, sofern kein Gesundheitshindernis bestand, sich schnüren lassen und danach sich völlig ankleiden und das Morgengebet laut verrichten. Je nach dem, wenn zwei oder eine Prinzessin früher aufgestanden waren, so konnten sie zusammen bzw. die andere mit der Kammerjungfrau allein die Gebete verrichten.

Unmittelbar nach dem Ankleiden sollte sofort mit der Lektüre in der italienischen Sprache begonnen werden. Um 9.00 Uhr wurde eine Suppe gereicht, natürlich nicht ohne Tischgebet. Daraufhin hatte die Obristhofmeisterin selbst Französischunterricht zu erteilen, der bis 10.00 Uhr gegeben wurde; von 10.00 bis 11.00 Uhr folgte der Hofkaplan Binner in der Christenlehre. Falls dieser verhindert war, hatte die Christenlehre der Hofkaplan Weibel zu halten. Allerdings hatte die Stellvertretung der Obristhofmeisterin vorher angezeigt zu werden. Die beiden Geistlichen hatten auch den Deutschunterricht für die Prinzessinnen wahrzunehmen. Um 11.00 Uhr wurde die Heilige Messe „mit Andacht" besucht, anschließend sollte ein Kapitel aus dem geistlichen Büchlein des Thomas von Kempen gelesen werden. Sollte eine Andacht in der Kirche veranstaltet werden, bei welcher die Prinzessinnen zu erscheinen hatten, dann sollte die Lektüre und der Unterricht aufgeteilt werden auf die Zeit vor oder nach dem Gottesdienst oder gar am Nachmittag. Von 12.00 bis 13.00 Uhr hatten sich die Prinzessinnen an der Mittagstafel einzufinden. Anschließend, bei gutem Wetter, konnten sie sich in die Hofkapelle begeben und dort ein Vater unser und das Ave Maria beten. Sofort um 13.00 Uhr schloß sich der Musikunterricht an. Während des Musikunterrichts hatte eine Kammerjungfer anwesend zu sein, damit die Prinzessinnen während des Musikunterrichts nicht abgelenkt seien. Die anderen Prinzessinnen sollten, sofern sie warten mußten, in dieser Zeit etwas lesen, nähen oder stricken.

Auch die Freizeit wurde ständig überwacht. Kein Schritt der Prinzessinnen sollte unbeaufsichtigt bleiben: Um 14.00

Uhr nachmittags wurde der Tanzunterricht erteilt, wobei besonderer Wert darauf gelegt wurde, daß die Prinzessinnen die höfischen Referenzen und das richtige Gehen mit der entsprechenden Haltung einübten. Um 15.00 Uhr wurden die Zöglinge erneut in französischer Sprache unterwiesen, um 16.00 Uhr in Schreiben und Lesen in deutscher Sprache sowie in Christenlehre; um 17.00 Uhr hatten die Kinder andächtig den Rosenkranz zu beten, was auch während eines Gottesdienstes erfolgen konnte. Sollte der Tanzunterricht ausfallen müssen, so hatte an dessen Stelle der Unterricht in Französisch, Deutsch und Christenlehre zu treten. Da die Prinzessinnen bei der Abfassung dieser Instruktion älter waren, so war es Pflicht, auch in der Assemblée, d.h. bei dem täglichen Abendempfang des Kurfürsten zu erscheinen.

Um 18.00 Uhr wurde zu Abend gegessen. Nach einer Erholungspause bis 19.30 Uhr wurde die Italienisch-Lektion wiederholt. Um 20.00 Uhr mußte das Abendgebet laut verrichtet werden und um 21.00 Uhr alle drei Prinzessinnen zu Bette gehen und schweigen.

Besuch und Ausgang der Prinzessinnen waren streng zu kontrollieren. Es wurde dafür Sorge getragen, daß nur in Gegenwart der Erzieherinnen mit den Prinzessinnen gesprochen werden sollte, und zwar laut, um Intrigen vorzubeugen. Einen wesentlichen Raum nehmen in der Instruktion die Vorschriften über die Verhaltensweisen in höfischem Benehmen ein. In der Assemblée hatten die Prinzessinnen ihre Augen auf den Kurfürsten zu richten und die Gräfin von Thurn und Taxis im Auge zu behalten und sich an deren Anweisungen zu halten. Auch sollten sie nicht allzulang in das Gesicht und in die Augen der Kavaliere sehen, weder mit ihnen leise oder allein sprechen noch mit einem jungen Kavalier spielen, es sei denn, daß die Obersthofmeisterin dies für gut befände. Das gleiche gilt auch für die Begleitung durch Kavaliere beim Spaziergang im Garten. Die Obristhofmeisterin hatte darauf hinzuweisen, daß nur eine besondere Erlaubnis des Kurfürsten selbst die Begleitung oder das Gespräch gestatten könne.

Überhaupt legte die Instruktion großen Wert darauf, daß die Erzieherinnen, Kammerjungfrauen und das übliche Dienstpersonal der Prinzessinnen dafür zu sorgen hatten, daß die Devotion und Liebe gegenüber dem Kurfürsten bei den Prinzessinnen nicht nur erhalten, sondern auch vermehrt werde. Immer wieder, teilweise in Wiederholung, ist die Instruktion sorgfältig darauf bedacht, daß kein zeitlicher Leerlauf entstehen kann, wenn auch die Ausfüllung der Zeit teilweise stereotype Maßnahmen enthält, wie beispielsweise das ständige Rekapitulieren von gelernten Texten. Interessant ist auch die Instruktion über die Kleidung der Prinzessinnen, aber auch die Kleidung des Dienstpersonals vor den Prinzessinnen, das tunlichst zu vermeiden hatte, in einem Unterrock oder sonst dergleichen Art vor diesen zu erscheinen. Während sich die Prinzessinnen von 18.00 – 19.00 Uhr in der Assemblée befanden, sollten ihr Nachtzeug, also Hemden und Schlafhauben, hergerichtet und eventuell ausgebügelt werden. Die tägliche Kleidung wie Hemden, Hauben, Schutztücher und dergleichen sollte für den nächsten Morgen hergerichtet und sauber hingelegt werden. Die am Tag zuvor getragenen Kleider sollten aufgeräumt und ausgebürstet, die reinen Manschetten gebügelt und sauber gehalten bzw. ausgebessert werden.

Die Kammerjungfrauen hatten darauf zu achten, daß die Wäsche recht gestärkt, gebügelt und gewaschen sei und vom Dienstpersonal mit sauberen Händen angefaßt wurde. Ganz verpönt waren Besuche durch männliche Personen bei den Kammerjungfrauen. Weder Ehemann noch ledige, männliche Personen, Kammerdiener oder dergleichen durften die Kammerjungfrauen besuchen.

Die Instruktionen machen deutlich, daß die Kinder aus einem persönlichen Familienbezug herausgenommen wurden. Sie waren in ein starres und strenges Schema eingepreßt, ja ihr Erziehungspersonal stellte einen eigenen kleinen Hofstaat im Rahmen des Hofes dar. Eine Bindung persönlicher Art, wie es bei Kindern natürlich ist, sollte tunlichst vermieden werden. Die Erziehung diente dem ausschließlichen Ziel der Vorbereitung auf ihre künftige Rolle als Damen von fürstlichem Stand. Was auffällt, ist das Fehlen mathematischer und naturwissenschaftlicher, aber auch einer philosophischen oder staatsrechtlichen Erziehung. Allenfalls könnte ein entsprechendes Wissen über den Lektürengegenstand beim Sprachunterricht erfolgen. Die Instruktionen zeigen jedoch, daß, wie die Lektüre des Thomas von Kempen beweist, die Inhalte auf religiöse Texte beschränkt wurden. Das verwundert nicht, entspricht es doch dem damaligen Seelenzustand des Kurfürsten Karl Philipp, der immerhin im Jahre 1734 im 74. Lebensjahr stand und somit sein ewiges Heil zum Mittelpunkt seines Denkens gemacht hatte.

a) Prinzessin Elisabeth Maria Aloysia Auguste von Pfalz-Sulzbach – Die Kurfürstin

Elisabeth Maria Aloysia Auguste wurde am 17. Januar 1721 in Mannheim als Tochter des Pfalzgrafen Joseph Karl Emmanuel von Pfalz-Sulzbach und dessen Gemahlin Elisabeth Auguste Sophie von Pfalz-Neuburg, der Tochter des Kurfürsten Karl Philipp, geboren. Sie starb am 17. August 1794 in Weinheim, wurde bei den Karmeliten in Heidelberg beigesetzt und 1805 in die Kirche St. Michael in München überführt, wo sich heute noch ihre Grabstätte befindet.

Von der Kurfürstin Elisabeth Auguste existieren naturgemäß eine große Anzahl von Porträts in allen Lebensphasen. Es sind dies in erster Linie Staatsporträts. Diese Porträts sind ein Teil der gesamten Kunst in der Zeit des Absolutismus, die in erster Linie die Aufgabe hatte, die hierarchische Ordnung und ihre Repräsentation nach außen, also zum Volk, das nicht dem Adel angehörte, darzustellen. Nicht minder dienten Opern, Bälle, musikalische Akademien, Galadiners, Illuminationen und Treibjagden sowie

Kurfürstin Elisabeth Auguste, vermutl. v. Johann Georg Ziesenis nach Georg Desmarées, um 1743/44, Kurpfälzisches Museum Heidelberg

Kurfürst Karl Theodor von der Pfalz, v. Georg Desmarées, um 1743, Kurpfälzisches Museum Heidelberg

sonstige höfische Feste dieser Repräsentation des Hochadels. Wir, in unserer heutigen Zeit, sind geneigt, darin lediglich Luxus und Verschwendung zu sehen. Das wäre aber so, als wenn wir heute in der Imagepflege und in der Öffentlichkeitsarbeit lediglich Luxus und Aufwand sehen und die Funktion eines Leiters der Öffentlichkeitsarbeit eines großen Unternehmens auf die Position eines „Frühstücksdirektors" reduzieren wollten.

Die Porträts sind daher keine Darstellungen, die eine Aussage über die Persönlichkeit des Dargestellten machen. Diese wird nicht näher beleuchtet, im Gegenteil, das Porträt ist bestrebt, Abstand zu schaffen zwischen dem Betrachter und dem Dargestellten. Deshalb sind diese Porträts gekennzeichnet von bestimmten Posen und von den Roben, in welche die Dargestellten gekleidet sind, nämlich in hochoffizieller Staatsgala. Eine der ältesten Darstellungen von Elisabeth Auguste als Kurfürstin zeigt sie in einer solchen offiziellen repräsentativen Pose. Der kurbayerische Hofmaler Georg Desmarées, der das Porträt zumindest entworfen und das dann Johann Georg Ziesenis ausgeführt hat, war ein erfahrener Porträtist, der den von Hyazinthe Rigaud in Frankreich geschaffenen Typus des absolutistischen Herrscherbildnisses kannte.

Er stellt die Kurfürstin aufrecht neben einen Sessel. Er richtet ihren Blick direkt auf den Betrachter. Der linke Arm wird auf die Sessellehne gestellt, die Geste der Hand mit ausgestrecktem Zeigefinger zeigt auf ihren in einem dazugehörigen Gegenstück dargestellten Gemahl. Ihr Kleid ist aus schwerem Seidenstoff mit enggeschnürter Taille und weitgebauschtem Rock gefertigt. Das tiefe Dekolleté und die Ärmelausschnitte werden von durchbrochener Spitze geziert. Über ihre Schultern fließt der obligatorische hermelingefütterte Samtmantel, der mit einem Griff der rechten Hand etwas gerafft wird. Der Zeitmode gemäß trägt sie ihr Haar in kleinen enganliegenden Locken. Diese gehen in einen gewellten Zopf über; eine Art Perlengeflecht und eine kleine Aigrette, d. h. ein kleiner Strauß aus Diamanten krönen ihr Haar, wie überhaupt der Perlenschmuck eine Hervorhebung ihrer fürstlichen Würde darstellt.

Diese Porträts wurden von verschiedenen Malern in verschiedenen Lebensaltern wiederholt. Diese Hofmaler wie etwa der schon bereits erwähnte Ziesenis oder Felix Anton Besold, Franz Anton Leydensdorff oder Heinrich Carl Brandt waren gut beschäftigt, hatten doch die kurfürstlichen Behörden einen enormen Bedarf an Porträts des Herrscherpaares.

Eines der meist idealisierten Porträts der Kurfürstin Elisabeth Auguste ist allerdings eine Marmorplastik. Sie steht in einer Nische auf der Eingangsseite des Rittersaals im Mannheimer Schloß und stammt von dem kurfürstlichen Hofbildhauer Peter Anton von Verschaffelt. Wir sehen eine große und schlanke Dame mit idealisierter Gesichtsform und Gestalt. Sie wurde im Jahre 1760 geschaffen, als die Kurfürstin Elisabeth Auguste bereits im 39. Lebensjahr stand. Hier wird am deutlichsten, welche Funktion ein fürstliches Porträt auch in Gestalt einer Skulptur hatte: In Wirklichkeit war die Kurfürstin von untersetzter und korpulenter Gestalt. Das lassen auch einige der gemalten Porträts erkennen, wenn sie die etwas pausbäckige und biederpfälzische Formung ihres Antlitzes andeuten.

Von dem offiziellen Charakter können auch die Darstellung der Kurfürstin, aber auch des Kurfürsten in einer scheinbar intimen Atmosphäre nicht ablenken: Das sogenannte intime Porträt ist ein wesentlicher Bestandteil der höfischen Selbstinszenierung, denn die Tätigkeit im privaten Bereich hatte ihren öffentlichen Charakter. So haben wir von der Kurfürstin Elisabeth Auguste ein Porträt von Johann Georg Ziesenis, das sie in einer häuslichen Umgebung zeigt mit entsprechenden Attributen wie einer Haspel und einem Spinnrad aus vergoldeter Bronze, ferner mit Büchern, einem Cembalo mit aufgeschlagenen Noten sowie einem Papillon-Hund. Ein weiteres Porträt von Heinrich Carl Brandt um 1765 zeigt sie mit einer Kaffeetasse. Dem Betrachter wird demonstriert, daß ihr auch die Kultur des chi-

Statue der Kurfürstin Elisabeth Auguste im Rittersaal des Mannheimer Schlosses, Peter Anton v. Verschaffelt; Foto v. Verfasser

nesischen Porzellans nicht fremd war. Der Kaffee, den die Tasse enthält, wird hier illustriert mit einer in Anlehnung an die türkische Herkunft dieses Getränkes orientalischen Gewandung. Die Porträts aber lassen auch wichtige Stationen aus ihrem Leben erkennen. Ihre bedeutendsten Lebensstationen:

Am 17. Januar 1742, also an ihrem 21. Geburtstag, wurde sie unter großem Gepränge mit dem vor knapp fünf Wochen 17 Jahre alt gewordenen Kurprinzen Karl Theodor von Pfalz-Sulzbach in der Mannheimer Schloßkirche getraut. Gleichzeitig am selben Ort wurde ihre Schwester Maria Anna Josepha mit dem Herzog Clemens Franz von Bayern getraut. Herzog Clemens Franz von Bayern war ein Neffe Kaiser Karls VII. Albrecht und ein Sohn von dessen Bruder Ferdinand Maria Innoncenz. Kaiser Karl – er war damals noch König von Böhmen und erwartete seine kurz darauf erfolgte Wahl zum Kaiser – erschien mit seiner ganzen Familie und seinen Brüdern, dem Erzbischof Clemens August von Köln, Kurfürst des Reiches, und dem Bischof Theodor Johann von Regensburg-Freising, dem sogenannten Kardinal von Bayern. Der Glanz dieser Hochzeitsfeierlichkeiten klingt noch lange in den Chronisten-Berichten nach.

Herausragendes Ereignis der Festlichkeiten war die Einweihung des glanzvollen Opernhauses im Westflügel des Mannheimer Schlosses mit der Oper „Meride“ nach einem Libretto des kaiserlichen Hofdichters Claudio Pasquini und mit der Musik von Carlo Grua.

Die Ehe ist nicht glücklich verlaufen. Eine der Hauptursachen lag in dem Sachverhalt, daß die Kurfürstin ihrem Gemahl keine Kinder gebären konnte und somit auch die Aussicht auf einen Thronerben schwand. Es währte 19 Jahre, bis die Kurfürstin schwanger wurde. Als sich die Nachricht hiervon im Lande herumsprach, glich sie einer Sensation. Viele Menschen, die mit der Kurfürstin fühlten, waren von großer Freude erfüllt. Diese Freude jedoch wurde nicht überall geteilt. Besonders die männlichen Angehörigen der verwandten Linie Pfalz-Zweibrücken sahen bei der Geburt eines Prinzen ihre Aussichten auf das Erbe von Kurpfalz dahinschwinden.

Die Nachricht, daß die Kurfürstin schwanger sei, verbreitete sich auch über die Grenzen der Pfalz hinaus. So schreibt der Aufklärerphilosoph Voltaire am 14. April 1761 an Karl Theodor, den er im Sommer 1753 sowie dem des Jahres 1758 mehrere Wochen in Schwetzingen besuchte und dessen Sekretär Collini der Fürst in seine Dienste nahm, folgenden Brief: „Durchlauchtigster Herr, Euere Churfürstliche Durchlauchtigkeit verzeihen mir meinen Enthusiasmus; nichts als die Freude kann ihn entschuldigen. Ich weiß nicht, was ich mache; mein Brief verstößt wider die Hofregel.

Bei der Geburt des Herzogs von Burgund tanzten die Gassenjungen in den Zimmern Ludwigs XIV. Ich würde in Schwetzingen ein ähnlicher Gassenjunge sein, wenn ich im Julius das Glück haben könnte, mich den Eltern und dem Kinde zu Füßen zu werfen. Einen Sohn und den Frieden, diese wünscht mein Herz Euerer Churfürstlichen Durchlauchtigkeit beiderseits; und ein Sohn, auch ohne den Frieden ist immer noch eine ganz gute Sache. Ich werfe mich zu Ihren Füßen, Durchlauchtigster Churfürst, und umarme dieselben vor Freuden. Halten Sie mir, Gnädigster Herr, und Sie Durchlauchtigste Frau Churfürstin, halten Sie mir meine schlechte Prosa, meine schlechten Verse, meine untertänigste Ehrfurcht, meine Berauschung in der Freude zu Gnaden und gönnen Sie fernerhin dero gnädigstes Wohlwollen.

Ihrem kleinen Schweizer
Voltaire."

Mit diesem Brief aus seinem Wohnsitz in Ferney bei Genf hat Voltaire einige Verse dem Kurfürstenpaar überreicht. Unter dem Datum vom 9. Juni 1761 läßt Voltaire weitere devote Verse folgen und schreibt dazu:

„Jedoch, Durchlauchtigster Churfürst, gänzlich gleich ist es mir nicht; ich würde mit Extrapost abreisen und sehn, was es wäre, wenn die Vorsehung, welche alles zum Besten schafft, mich nicht so elend zurichtete. Sie macht es mit Ihrem kleinen, alten Schweizer sehr arg und hat mich zu dem runzligsten und geplagtesten Individuo in dieser besten unter allen möglichen Welten gemacht.

Wahrhaftig, ich würde eine schöne Figur mitten unter den Feierlichkeiten Euerer Churfürstlichen Durchlauchtigkeit machen. Nirgends als in dem alten Ägypten setzte man Totengerippe in die Versammlungen, die man zum Vergnügen angestellt hatte. Durchlauchtigster Churfürst, ich kann es nicht länger ausstehen; zuweilen lache ich zwar noch, aber ich gestehe, daß der Schmerz ein Übel ist. Ich tröste mich, wenn Euere Churfürstlichen Durchlauchtigkeiten glücklich sind. Ich schicke mich besser zur letzten Ölung als zum Kindtaufen. Möchte der Friede doch der Geburt des Prinzen, den ich erwarte, zur Epoche dienen! Möchte doch dessen glorreicher Vater Seine Gewogenheit fernerhin gönnen und Sich die tiefe und zärtliche Ehrerbietung gefallen lassen des kleinen Schweizers
Voltaire."

Solche Beteuerungs- und Freudenkundgebungen finden sich in größerer Zahl vor.

Leider wurde das Kurfürstenpaar grausam enttäuscht. Am 28. Juni 1761 wurde zwar der ersehnte Prinz in Mannheim geboren und auf den Namen Franz Ludwig Joseph getauft. Er starb jedoch schon am nächsten Tag, am 29. Juni 1761. Sein Grab ist uns nicht bekannt.

Die Geburt des Prinzen war schwer. Es handelte sich offensichtlich um eine Zangengeburt, denn wie die Historiographen berichten, mußte das Kind durch einen Geburtshelfer von der erlauchten Gebärenden genommen werden. Dabei sei die Hirnschale des Prinzen gequetscht worden, an welcher Verletzung er offensichtlich gestorben ist. Aber auch die Kurfürstin war in tödlicher Gefahr. Die Ärzte waren der einhelligen Meinung, daß die Kurfürstin eine weitere Schwangerschaft und Geburt nicht mehr überleben würde.

Allegorie auf den Tod des neugeborenen pfälzischen Thronfolgers Franz Ludwig Joseph (Sohn des Kurfürstenpaares Karl Theodor und Elisabeth Auguste), unbekannter Meister, um 1761, Kurpfälzisches Museum Heidelberg

Dieser Gefahr oblag jede schwangere Frau. Schwangerschaft und Geburt waren für jede Frau auch im 18. Jahrhundert ein tödliches Risiko, insbesondere bei während der Geburt auftretenden Komplikationen. Im Rittersaal des Mannheimer Schlosses findet sich eine skulpturelle Darstellung von medizinischen Geräten, wie etwa einer riesigen Klistierspritze, einer Amputationssäge oder einer Zange mit einem Backenzahn. Man mußte schon gesund sein, wollte man die Behandlung mit solchen Geräten überleben. Jeder kann sich vorstellen, was es bedeutete, wenn bei einer Gebärenden Eingriffe mit solchen relativ primitiven medizinischen Geräten vorgenommen wurden, die alles andere als bakteriell steril waren.

Jeder Kenner der Medizingeschichte wird sich daran erinnern, welche Schwierigkeiten der österreichisch-ungarische Gynäkologe Professor Dr. Ignaz Philipp Semmelweis (1818 – 1865) hatte, als er die Ansteckungsweise und Ursache des Kindbettfiebers durch infizierte Hände von Hebammen und Ärzten entdeckte und von seinen Studenten und Kollegen die entsprechenden Konsequenzen forderte. Man hatte ihn verlacht, er endete im Irrenhaus. Aber gerade diese Ansteckungen rafften Tausende von jungen Frauen im Kindbett hinweg. Mehrfachehen sind auch im 18. Jahrhundert fast die Regel. Nicht besser war es bei der Kindersterblichkeit bestellt. Dies erklärt auch die häufige Zahl der Schwangerschaften von Frauen. So hatte die Kurfürstin Elisabeth Amalia Magdalene, die Gemahlin des Kurfürsten Philipp Wilhelm, des Vaters des Kurfürsten Karl Philipp, 23 Wochenbetten durchzustehen. Auffallend ist bei der Lektüre der Genealogien die hohe Zahl von Totgeburten, vermutlich eine Folge der damals noch unbekannten Bedeutung des Rhesusfaktors.

Die Kurfürstin Elisabeth Auguste zog sich vom Eheleben mit ihrem Gemahl zurück. Die Folge war eine zunehmende Entfremdung der Ehegatten.

Die Kurfürstin ließ sich durch diesen schicksalsschweren Einschnitt in ihrem Leben nicht in ihrer Tatkraft lähmen.

Dr. Franz Anton Mai, vermutl. Johann Peter Hoffmeister, um 1770, Kurpfälzisches Museum Heidelberg

Aus der leid- und schmerzvollen Erfahrung ihrer Niederkunft zog sie gesundheitspolitische Konsequenzen. Sie arbeitete auf die Gründung einer Entbindungsanstalt und Hebammenschule hin. Diese wurde im Jahre 1766 eröffnet. In der Nähe des Heidelberger Tores, also in der Umgebung des heutigen Wasserturms, wurde ein eigenes Gebäude zur Verfügung gestellt. Die Anstalt enthielt außer den Zimmern für Gebärende Lehrsäle für die Hebammen und Wundärzte, die verpflichtet waren, die Vorlesungen der angestellten und besoldeten Professoren sowie praktische Übungen zu besuchen. Die Vorlesungen und Übungen, die alle Hebammen der Kurpfalz absolvieren mußten, waren kostenlos. Die hygienischen Zustände an dieser Anstalt sollen allerdings schlimm gewesen sein. Die Hebammenschule wurde am 24. November 1766 eröffnet und auch von vielen Zöglingen aus den Nachbarregionen besucht. Die ersten Lehrer waren die Professoren Anton Wilhelm und Lorenz Fischer. Als Korrepetitor wurde der spätere Leibarzt und Vertraute der Kurfürstin Elisabeth Auguste, Dr. Franz Anton Mai, angestellt. Letzterer errichtete auch im Jahre 1781 eine Krankenwärterschule, die im gleichen Jahr von Kurfürst Karl Theodor bestätigt wurde. Gerade Karl Anton Mai war ein kompromißloser Vorkämpfer auf dem Gebiet der hygienischen Volksaufklärung und ein Verfechter vernünftiger Lebensweise. Als Arzt in Mannheim und als Lehrer an der Heidelberger Universität hatte er sich besonders aus diesem Grunde auch dem Entbindungswesen gewidmet. Die Verbesserung der medizinischen Verhältnisse lag ihm sehr am Herzen. Deshalb waren die Aufnahme und der Unterricht an der Krankenwärterschule kostenlos, um eine breite Streuung der Ausbildung zu erreichen.

Hand in Hand mit der Gründung der Hebammenschule und Entbindungsanstalt im Jahre 1766 ging die Stiftung des Elisabeth-Damen-Ordens am 19. November, dem Namenstag der Kurfürstin. Die Mitglieder dieses Ordens hatten die Verpflichtung, füreinander im Leben und nach dem Tode zu beten und sich der Armenfürsorge, insbesondere der

Die gute Mutter, Porzellangruppe, modelliert von Karl Gottlieb Lück, Frankenthal, nach 1770, Städt. Reiß-Museum Mannheim

Witwen und Waisen, zu widmen. Am Tage der Hl. Elisabeth, dem Tag des Ordensfestes, hatten sie zu beichten und zu kommunizieren und der verstorbenen Ordensmitglieder zu gedenken. Als Ordensinsignien wurde ein Kreuz an einem blauen, seidenen Band mit roter Einfassung an der linken Brust getragen. Das Ordenskreuz war für Fürstinnen rot emailliert, für sonstige adlige Damen aber weiß. Da es sich um einen reinen Adelsverein handelte, war auch garantiert, daß die Spenden nicht zu schmal ausfielen.

Ein Altar in der Jesuitenkirche zu Mannheim mit einer Darstellung der gabenspendenden Landgräfin Elisabeth von Thüringen erinnert an diese Stiftung. Die Kurfürstin überließ jedoch die Wohltätigkeit nicht nur ihren Ordensangehörigen, sondern war auch persönlich selbst täglich tätig. So manche unzureichend versorgte Witwe hatte der Freigebigkeit der Fürstin ihren Lebensunterhalt zu verdanken. Die Konfession spielte für die Kurfürstin dabei keine Rolle.

Auf ihre Bitten erwarb Kurfürst Karl Theodor das Schloß Oggersheim, links des Rheins gelegen, das der Vater der Kurfürstin 1727 erbaut hatte. Karl Theodor schenkte es seiner Frau am 8. Februar 1768 und gewährte ihr sämtliche Mittel für einen großzügigen Um- und Ausbau. Die Bauleitung übertrug sie ihrem Kämmerer Dominico von Paggiary. Als Frau, die mit der Mode ging, ließ sie es im reinen Louis XVI-Stil einrichten. Viel gesprochen wurde von dem sogenannten Winterflügel, der sehr harmonisch eingeteilt war. Hier richtete sie sich ein kostbares Lackkabinett mit einem Deckengemälde von Nicolas Guibals ein. Der kursächsische Gesandte Graf Andreas von Riaucour berichtet, daß sich in diesem Schloß weitläufigere Wohnräume befänden, in welchen jeder bis zum Lakaien herab nach seinem Stande alles vorfinde, was er brauche, ohne genötigt zu sein irgendetwas herbeizuschaffen. Obgleich das Gefolge der Kurfürstin sehr klein sei, befänden sich dort doch immerhin 109 Personen.

Elisabeth-Orden an alter Damenschleife, Mannheim oder München, Ende 18. Jh., Kurpfälzisches Museum Heidelberg

Das Silbergerät und, was zum Herrichten der Tafel erforderlich sei, sei vollständig neu angefertigt worden und trage den Namenszug der Kurfürstin. Man arbeite auch an einer Livrée für den Sommeraufenthalt. Sie bestehe aus scharlachrotem Tuch mit einer schmalen Goldborte, die Aufschläge und Westen seien strohgelb. Eine Bemerkung, die zeigt, wie wichtig die äußere Repräsentation war. Der Dichter Heinse spottet in einem Brief aus dem Jahre 1780, daß Oggersheim ein hübsches Weiberörtchen sei, mitten im Sande mit einem wohlangelegten Gärtchen, wo die Fürstin nicht übel sich von Verschaffelt den vatikanischen Apoll und den farnesischen Herkules vor ihrem Zimmer habe in Sandstein aufstellen lassen. Freilich seien jedem ein paar Zweige zwischen die Beine gewachsen.

Von einem Gärtchen kann allerdings nicht die Rede sein, handelte es sich doch um einen Schloßgarten von nicht geringem Ausmaße in französischem Stil, wie ein heute noch existierendes Modell im Schillerhaus Ludwigshafen-Oggersheim zeigt. In diesem Schloß hat die Kurfürstin nicht nur die Sommermonate, sondern in späterer Zeit auch die Wintermonate verbracht. Oggersheim hat in dieser Zeit glanzvolle Tage erlebt, was sich auch wirtschaftlich auf den Ort auswirkte. Leider mußte die Kurfürstin erleben, wie das Schloß im Jahre 1794 von den französischen Revolutionstruppen zerstört wurde.

Elisabeth Auguste war eine fromme, aber keine bigotte Frau. Sie hatte eine kritische Einstellung zu den damaligen kirchlichen Verhältnissen. So sei es ein innigster Wunsch von ihr gewesen, daß die Pfründen der katholischen höheren Geistlichkeit zu einem besseren Zweck für die Menschheit eingezogen werden sollten. Ein Domherr war in ihren Augen ein wohlbezahlter Müßiggänger, ein priveligierter Schwelger, ein evangelisches Unkraut, reif zum Ausjäten und zum Verbrennen.

Die Einfachheit ihrer Religiosität kommt auch in dem von ihr errichteten Gotteshaus in Oggersheim zum Ausdruck, das sie als Schloßkirche errichten ließ. Kein Geringe-

Modell von Schloß und Garten Oggersheim, H. Weigel nach Entwurf von Karl Lochner, 1959, Schillerhaus Ludwigshafen-Oggersheim, Foto: Stadtarchiv Ludwigshafen/Rhein

rer als Peter Anton von Verschaffelt war ihr Baumeister. Die Bauzeit währte von 1774 bis zu ihrer Einweihung am 18. Oktober 1777. Ein Musterbeispiel behutsamen Umgangs mit überlieferter Bausubstanz zeigt sich darin, daß die an der Baustelle bestehende Lorettokapelle, die der Vater der Kurfürstin, Pfalzgraf Joseph Karl Emmanuel, errichtet hatte, erhalten wurde und in den Grundriß miteinbezogen wurde. Jeder kann heute dieses Bauwerk in Ludwigshafen-Oggersheim bewundern, das die zeitgenössischen klassizistischen Elemente mit Elementen der römisch-toskanischen Spätrenaissance verbindet. Für dieses Bauwerk wurde Verschaffelt mit dem Christusorden ausgezeichnet, den er aus der Hand des Kurfürsten Karl Theodor empfing. Die Verleihung erfolgte durch Papst Pius VI., jenen unglücklichen Papst, den der General Napoleon gefangen nehmen ließ und der nach seinem Tod zunächst in der Kathedrale von Valence, südlich von Lyon beigesetzt wurde.

Obgleich der Eindruck entstehen könnte, daß die Kurfürstin sich ausschließlich sozialen und kulturellen Aufgaben widmete und jeglicher politischer Tätigkeit abhold war, so muß dieser Eindruck korrigiert werden. Im Gegenteil, die Kurfürstin hatte in den ersten Ehejahren eine große politische Rolle gespielt. Sie war als die vier Jahre ältere Ehefrau des jungen Kurfürsten in der Politik dominierend, und es mag dieses jugendliche Alter des Kurfürsten gewesen sein, das bewirkte, daß er sich von seiner temperamentvollen und reiferen jungen Frau bestimmen ließ. Der schon genannte kursächsische Geschäftsträger in Mannheim Andreas von Riaucour berichtet an seinen Hof, daß die Frau Kurfürstin alle Geschäfte des Hofes leite. Diese Fürstin verbinde mit den Qualitäten des Herzens die des Geistes. Ihre Domäne war die Personalpolitik am Hofe. Ihre Ziele setzte sie mit großer Energie durch. Dies zeigt sich an dem Beispiel des Majors vom Grenadierregiment, Baron von Rodenhausen, dessen Ernennung zum Adjutanten des Kurfürsten sie im Jahre 1756 gegen den Willen des damaligen Befehlshabers der pfälzischen Streitkräfte, des Pfalzgrafen Friedrich Michael von Zweibrücken-Birkenfeld, ihres Schwagers, durchsetzte.

Sie scheute sich nicht, sogar einen außenpolitischen Konflikt zu riskieren, wie ein Ereignis in den Jahren 1754 und 1755 zeigt: Sie hatte dem Kölner Kurfürsten Clemens August zwei französische Ballettmeister dadurch abgeworben und kontraktbrüchig gemacht, daß sie ihnen eine höhere Gage bot. Der Kölner Erzbischof war gekränkt und forderte die sofortige Entlassung dieser Tänzer. In dem nun entstehenden Streit zwischen Kur-Köln und Kurpfalz versuchte man den König von Frankreich als Vermittler zu gewinnen, der sich aber mit solchen Affairen nicht beschäftigen wollte. Karl Theodor blieb nichts anderes übrig, als sich mit Clemens August zu arrangieren, was ihm sehr peinlich war. Dieses Ereignis war ein Baustein zu dem Entschluß des Kurfürsten, den politischen Einfluß seiner Gemahlin zurückzudrängen.

Die endgültigen Weichen für die Entfremdung des kurfürstlichen Ehepaares wurden durch die tragische Entbindung der Kurfürstin Elisabeth Auguste gestellt.

Die intrigenreiche Atmosphäre des Hofes bezog in ihren Klatsch auch die Kurfürstin ein. Schon die Geschichte mit dem Baron von Rodenhausen mußte die Frage nach den Beziehungen der Kurfürstin zu ihm stellen. Bis zu seinem Tode war von Rodenhausen unverheiratet geblieben und stand als Oberhofmeister in den Diensten der Kurfürstin. König Ludwig I. von Bayern, ein Neffe der Kurfürstin, berichtet nach einem Besuch bei seiner Tante: „Ihr Oberhofmeister Baron von Rodenhausen durfte nur im ‚Halbdegenkleid' mit dem polnischen Weißen Adlerorden geschmückt vor ihr erscheinen, wobei sie ihn mit ‚Pepperl' und ‚Er' anredete ...".

Weiterer Anlaß zum Gerede bot eine Affaire des Intendanten der kurfürstlichen Hofoper und Majors Karl Freiherr von Eberstein, der auch das Amt eines Kammerherrn innehatte. Er wurde in einer Novembernacht des Jahres 1763 im Schlafzimmer der Kurfürstin ergriffen und mit Gewalt daraus entfernt. Dabei sei auch seine Pistole im Spiel gewesen. Wie üblich bei Potentaten, wurde er vom Kurfürsten für geisteskrank erklärt und verbrachte die letzten 30 Jahre seines Lebens im Karmeliterkloster in Weinheim. Ein Gerücht des Hofklatsches war auch, daß der totgeborene Prinz von einem Grafen Wittgenstein gezeugt worden sei. Wir müssen die Gerüchte auch als solche werten. Dennoch würde es nicht verwundern, daß in der lasziven Welt des Hofes und der berechnenden Kälte, der die Kurfürstin begegnete, sie menschliche Anlehnung und Wärme gesucht habe.

Die Kurfürstin hat, wie ihr Leibarzt Franz Anton Mai berichtet, genug unter dieser Welt und Atmosphäre gelitten. Ihre Seele sei immer ganz traurig geworden, wenn sie von Bedrückungen der Untertanen, von Verfolgung braver Staatsdiener, von erschlichenen Beförderungen unwürdiger Menschen, vom Dienstverkauf, von Religionsintoleranz, von Hofkabalen, von Lieblosigkeit gegen Witwen und Waisen Augen- und Ohrenzeuge sein mußte, ohne dem Unheil abhelfen zu können. Untröstlich sei ihr edler Fürstenstolz gewesen, wenn sie bemerkte, wie oft die Regenten durch listige und meineidige Höflinge zu niederen Handlungen, die nach Unrat von Geld, Geiz oder Ausschweifungen rochen, verleitet wurden. Die Entehrungen ihres Gemahls durch liederliche adlige Dirnen in Bayern hätten ihrem Herzen tiefe unheilbare Wunden geschlagen, Seufzer und Tränen erpreßt.

Obgleich Karl Anton Mai keineswegs ihre Schwächen verkannte, indem er darauf hinwies, daß sie aus schiefer Fürstenerziehung nicht war, was sie in seinen Augen hätte sein sollen und können, so müsse er doch bekennen, daß sie überhaupt ein menschliches Weib, gut von Verstand und Herz gewesen sei. Wäre sie Herrscherin geworden, so wäre jedes Land glücklich geworden. Denn sie hatte ein ebenso strenges als feines Gefühl für Gerechtigkeit. Sie war sich selbst gegenüber sehr kritisch. In einem Gespräch mit August Wilhelm Iffland (dem ersten Franz Moor in Schillers

„Räuber") sagte sie von sich selbst: „Ich bin diesem Land nicht gewesen, was ich ihm hätte sein sollen" und sie fügte hinzu „Es hat nicht sein sollen." Sie meinte in erster Linie, daß sie dem Land nicht den erforderlichen Erben geschenkt hatte.

Ihr politisches Credo kommt in einer Bemerkung anläßlich des Ausbruchs der französischen Revolution zum Ausdruck: „Ach Gott! Seien wir Fürsten gut und gerecht, so wie es der Allmächtige unser Muster ist, so werden die Untertanen glücklich sein und keine Revolution wüten." Als einzig wahren Vorzug der Menschheit sah sie den Genuß der feineren Sinnlichkeit in diesem Erdenleben, Gefühle herzlicher Freundschaft, Einklang harmonischer edler Gesinnungen, das Bestreben, andere glücklich zu machen und menschliches Elend zu lindern. Den Hang zur gröberen tierischen Sinnlichkeit betrachtete sie als Demütigung des menschlichen Adels, als eine Herabwürdigung zum vernunftlosen Tier. Das Evangelium, besonders die Lehren des Apostels Paulus, waren ihre Lieblingslektüre.

Die Kurfürstin liebte abends gesellschaftliches Kartenspiel, nicht um Geld zu gewinnen, sondern, wie sie öfters beteuerte, um der lästernden Verleumdungssucht bei Hof wenigstens auf drei bis vier Stunden die Maulsperre anzulegen.

Ihre religiöse Haltung wurde bereits erwähnt. Sie, die keine bigotte, aber fromme Frau war, hatte andererseits volles Verständnis für die in ihrer Zeit sich artikulierende Volksfrömmigkeit. So urteilt sie über Prozessionen und äußerliche Andachtsübungen des Volkes, daß dieses durch sinnliche Darstellung geleitet werden müsse. Denn warum wolle man dem Landmann den Trost nehmen, den er sich durch Andachtsübungen bei Wallfahrten verspreche? Er suche bei diesen Gelegenheiten einen fremden Seelenarzt, weil er oft in seinem eigenen Pfarrer zuhause den Mann nicht finde, den er für sein Gewissen sich wünsche.

Zu den sich verbreitenden Lehren der Aufklärung stellt sie die Frage, was die heutigen philosophischen Aufklärer der Menschheit genützt hätten? Nach ihrer Auffassung nichts anderes, als daß der Mensch einen Schritt weiter zur rauhen, tierischen Wildheit gemacht habe. Es ist nur folgerichtig, daß sie in ihren Gebeten Gott bittet, sie und ihr Land vor diesen ausgearteten Tiermenschen zu bewahren und Glauben und Rechtschaffenheit bei ihren Untertanen zu erhalten und Frieden zu schenken.

Das ihr vermittelte Weltbild ließ ein anderes Urteil nicht zu.

Wie ernst es ihr mit ihrer Überzeugung war, kommt in ihrer Haltung zur letzten Konsequenz, dem Tode, zum Ausdruck. Franz Anton Mai berichtet, daß sie den Tod nie gefürchtet habe. Als er ihr die Gefahr für ihr Leben ankündigte, hörte sie diese Ankündigung mit christlichem Mut. Mit voller Ergebenheit in den Willen Gottes habe sie in ausgezeichneter Andacht das Abendmahl empfangen und sei verschieden (an der Ruhr, wie August Wilhelm Iffland berichtet), bei voller Vernunft, ohne Klagen, ohne Unruhe, ohne Furcht vor dem Tode, wie ein ruhiger, schuldloser Säugling. Franz Anton Mai faßt das Urteil über das Leben dieser Frau knapp zusammen, indem er schreibt, daß man überhaupt von ihr mit Wahrheit sagen könne: Sie war eine christliche, große und edeldenkende Fürstin.

Diesem Urteil können wir uns anschließen, kommt es doch von einem Manne, der sie aus unmittelbarer Nähe beobachten konnte und keineswegs als unkritischer und devoter Fürstendiener gelten kann.

b) *Prinzessin Maria Anna Josepha – Die Herzogin Clemens – Bewahrerin der Einheit Bayerns – „Die Dame mit dem Samtvisier"*

Maria Anna Josepha wurde am 22. Juni 1722 in Schwetzingen als Tochter des Pfalzgrafen Joseph Karl Emmanuel von Pfalz-Sulzbach und dessen Gemahlin Elisabeth Auguste Sophie von Pfalz-Neuburg, der Tochter des Kurfürsten

Karl Philipp, geboren. Sie starb am 25. April 1790 in München und wurde in der Kirche St. Kajetan beigesetzt. Wie bereits dargelegt, wurde sie gemeinsam mit ihrer Schwester, der späteren Kurfürstin Elisabeth Auguste, am 17. Januar 1743, noch nicht ganz zwanzig Jahre alt, mit dem Herzog Clemens Franz von Bayern, dem Neffen Kaiser Karls VII. Albrecht und einem Sohn von dessen Bruder Ferdinand Maria Innoncenz vermählt. Herzog Clemens Franz war zwar nur ein Cousin des nachmaligen Kurfürsten Max III. Joseph von Bayern, aber man nutzte jede Gelegenheit, die Verbindung der bayerischen mit den pfälzischen Wittelsbachern zu festigen und dem Hause Wittelsbach so das pfälzische wie das bayerische Erbe zu erhalten. In diesem Falle hatte die junge Prinzessin ihre dynastischen Pflichten wahrzunehmen.

Sie gebar ihrem Gemahl vier mit Sicherheit bekannte Kinder, und zwar drei Prinzessinnen und einen Prinzen, die alle noch am Tage der Geburt gestorben sind. Unsicher sind die Nachrichten über die Geburt einer weiteren Prinzessin und eines weiteren Prinzen. Offensichtlich müssen auch diese beiden Kinder noch am Tage ihrer Geburt gestorben sein.

Vielleicht mag auch hier der noch unbekannte Rhesusfaktor oder die unzulängliche ärztliche Kunst eine Rolle gespielt haben.

Maria Anna Josepha war wohl die stärkste Persönlichkeit unter den drei Prinzessinnen. Schon bald nach ihrer Heirat wurde der kurfürstliche Hof in München, Nymphenburg und Schleißheim ihr weiterer Lebensraum. Am Hofe des letzten Kurfürsten von der Linie Bayern, Max III. Joseph, war sie die herausragende Frauengestalt. Dieses Hofleben verlief in den üblichen Bahnen: Feste, Galadiners mit 40 Gedecken, meist kaltem und mittelmäßigem Essen und sehr viel Wein, dann die üblichen Glücksspiele, insbesondere Kartenspiele, Opern und Konzerte. Über die Damen berichtet uns ein damals noch nicht 30 Jahre alter sächsischer Graf, Friedrich Ulrich Lynar, der durch den sächsischen Gesandten Graf Callenberg dem Hofe vorgestellt wurde. Fast alle Damen aus der Stadt München, etwa einige zwanzig, hätten sich in dem Schlosse eingefunden, einige jedoch weilten noch auf dem Lande, teils weil sie in Trauer wären oder sich in Wochen befänden. Die Damen seien alle ziemlich reich geputzt und mit Juwelen versehen gewesen. Sie hätten insgemein Verstand und viel Angenehmes und Freies an sich. Man finde auch vorzüglich schöne Figuren. Gegen Fremde seien sie höflich und gesprächig. Insbesondere spreche man französisch, aber man höre auch hier und da italienisch sprechen. Über die Damen werde unterschiedliches geredet, aber nicht alles sei Verleumdung. So insbesondere, daß sie sehr kokett seien, unter sich aber wenig gesellig, dagegen gewaltig eifersüchtig sein sollen. Die Eifersucht solle von dem großen Mangel an Herren herrühren. Diejenigen, die da seien, seien den Damen jedoch zu gering.

Die Herzogin Maria Anna Josepha oder Herzogin Clemens, wie sie genannt wurde, habe dagegen immer ihren Platz neben der Kurfürstin.

In der Gegenwart ihres Gemahls sei sie nur sehr selten zu sehen. Dieser Herr sei ganz still und spreche nicht viel. Da er an Hand und Fuß erkrankt sei, so sitze er die meiste Zeit nur auf dem Stuhle und rühre sich nicht. Er speise mittags und abends sehr spät und zwar immer in Gesellschaft eines Oberhofmeisters, eines Kammerherren und der Hofdamen seiner Gemahlin. Diesselbe speise beständig allein. Von 9 bis 11 Uhr abends sei bei ihm täglich Konzert. Manchmal erscheinen auch die Damen aus der Stadt, um ihm die Honneurs zu machen. Selbst zu den Konzerten komme die Herzogin sehr selten, da sie immer in der Einsamkeit ihre Zeit mit Lesen und Schreiben zubringe. Zuweilen aber und an den großen Galafesttagen fahre sie nach Nymphenburg hinaus.

Graf Lynar hatte allerdings Glück an jenem Abend, als er dem Herzog Clemens vorgestellt wurde, denn gerade an diesem Abend erschien die Herzogin Maria Anna Josepha.

Sie sprach ihn mit einem sehr schönen und ausgesuchten Französisch an und sei sehr gnädig zu ihm gewesen. Sie habe sich mit ihm lange Zeit unterhalten. Gegenstand ihres Gespräches war in der Hauptsache das gegenwärtige allgemeine Elend der Menschen im Kriege (es fand zu dieser Zeit der siebenjährige Krieg statt). Große Hochachtung flößte dem Grafen die mit dem Gespräch verbundenen moralischen Betrachtungen der Herzogin ein, die doch in diesen Kreisen ganz fremd erschienen.

Die Herzogin wird als von sehr liebenswürdigem Charakter geschildert. Ihr leutseliges Wesen gegen alle Menschen gewänne ihr alle Herzen, so daß sie hier jedermann liebe, ehre, aber auch bedauere. Sie zeige auch vielen klugen Witz in ihren Reden und suche oft, durch muntere Einfälle die auf ihrem Gesicht gemalte Traurigkeit zu unterdrücken und zu verbergen.

Es ist klar, daß eine Dame von so großen Geistesgaben, aber auch von dieser persönlichen Ausstrahlung dem politischen Geschehen in ihrer Zeit nicht gleichgültig bleiben konnte. Sie war das, was man eine Patriotin nennt, nämlich eine bayerische Patriotin, eine Eigenschaft, die sie lange im Gedächtnis der bayerischen Bevölkerung lebendig erhalten hat. Sie war auf die Integrität Bayerns in besonderem Maße bedacht. Dies hatte zur Folge, daß sie besonders den politischen Begehrlichkeiten des Hauses Österreich gegenüber sehr mißtrauisch und wachsam war. Rechtzeitig suchte und pflegte sie die Verbindung derjenigen politischen Kräfte in Mitteleuropa, die ein mögliches Gegengewicht zu Österreich bilden konnten. So war es nicht verwunderlich, daß sie in freundschaftlichen Briefkontakt zu Friedrich II. von Preußen trat.

Der kaiserliche Gesandte, Baron Widemann, berichtet in einer Depesche an seinen Hof vom 13. September 1751, daß die Herzogin Clemens sich täglich mehr bei dem Kurfürsten einschmeichle und zwar in der Weise, daß es selbst bei der Kurfürstin Empfindlichkeiten erwecke. Aus diesem Grunde würden viele Hofintrigen gesponnen werden, die

Herzogin Maria Anna Josepha, Schwester der Kurfürstin Elisabeth Auguste, „Die Dame mit dem Samtvisier", v. Georg Desmarées, Kopie, 18. Jh. Bayerische Staatsgemäldesammlungen München

zwar kaum erwähnenswert seien, aber es sei doch immerhin der Ansatz für den Einfluß der österreichischen Partei auf die Kurfürstin. Insbesondere habe daran die gewiß gut österreichisch denkende Gräfin von Solms, ein Kammerfräulein, großen Anteil. Je mehr die junge Herzogin Clemens den Kurfürsten einnehmen sollte, so wird suggeriert, desto gefährlicher werde sie dadurch werden. In einer weiteren Depesche vom 23. April 1752 wird von der Herzogin Maria Anna Josepha berichtet, daß sie die Kunst besäße, sich zu verstellen, und zwar in der größten Vollkommenheit.

Natürlich konnte auch nicht ausbleiben, daß ihr gutes Verhältnis zu ihrem Schwager Pfalzgraf Friedrich Michael von Pfalz-Zweibrücken, der mit ihrer Schwester Maria Franziska Dorothea verheiratet war, und damit der Vater des ersten bayerischen Königs Maximilian Joseph wurde, ins Gerede gebracht wurde. Er wird in den österreichischen Gesandtschaftsberichten als ihr Favorit bezeichnet. Allerdings waren politische Gründe der wirkliche Hintergrund dieser Bemerkungen. Aufmerksam wird ihre Abreise gemeinsam mit ihrem Schwager im Sommer 1750 nach Schwetzingen vermerkt. Ihre Rückkehr wird im Herbst erwartet und zwar mit demselben Prinzen von Pfalz-Zweibrücken. In München, so wird erwartet, würden dann beide mit vereinigten Kräften für die Pfalz oder wohl auch für Frankreich arbeiten.

In der Tat hatte der kaiserliche Gesandte Baron Widemann, von dem wir diese Berichte haben, einen politisch klaren Blick bewiesen, wie die Zukunft zeigte.

Als Kurfürst Karl Theodor von der Pfalz am 1. Januar 1778 die Herrschaft in Bayern antrat, kam er nach München mit bereits festen Abmachungen mit dem Hause Österreich im Gepäck. Eine Reihe von Hausverträgen zwischen den pfälzischen und bayerischen Wittelsbachern sah im Kern vor, daß bei Aussterben der jeweiligen Linie die überlebende Linie das Erbe antreten würde. Sollte die pfälzische Linie überleben, so war sie vertraglich verpflichtet, ihre Residenz von Mannheim nach München zu verlegen. Als Kurfürst Karl Theodor am Silvestertag des Jahres 1777 vom Ableben des Kurfürsten Max Joseph von Bayern durch einen Kurier erfuhr, sprach er schmerzlich berührt zu sich: „Nun sind deine guten Tage vorüber". Er ging in der Tat ungern nach München. Er hing mit allen Fasern seines Herzens an Mannheim und den rheinischen Landen und trachtete, seinen dortigen Lebensraum wieder zu gewinnen. Außerdem sollten seine natürlichen Kinder eine standesgemäße Versorgung erfahren. Diesem Ziele dienten in erster Linie die Verträge mit Österreich. Weit gestecktes Ziel dieser Verträge waren der Umtausch Altbayerns gegen die österreichischen Niederlande und die Königskrone eines Rheinstaates. Österreich beanspruchte bereits aus älteren Verträgen Niederbayern, die Oberpfalz, die Landgrafschaft Leuchtenberg, die Herrschaft Mindelheim und weitere kleinere Herrschaften. Unter dem Druck Österreichs hatte der Gesandte Karl Theodors in Wien am 3. Januar 1778 einen Vertrag unterschrieben, der den Österreichern den Hauptteil ihrer Ansprüche, insbesondere die Zuerkennung Niederbayerns bewilligte. Nicht unwesentlich dazu beigetragen hat auch die Drohung Österreichs, militärisch gegen Pfalzbayern vorzugehen. Karl Theodor aber war jeglichen kriegerischen Auseinandersetzungen abhold. Kaiser Joseph II. von Habsburg verlieh aus Anerkennung für die Nachgiebigkeit Karl Theodors demselben den Orden vom goldenen Vlies, den höchsten Orden, den das Haus Habsburg zu vergeben hatte.

Österreich verfolgte damit eine weitere Vergrößerung seines territorialen Besitzes im Reiche, um den Titel seines römisch-deutschen Kaisertums zu stärken. Mit auf der Strecke geblieben sind bei der Abmachung Karl Theodors mit Österreich die Interessen seiner potentiellen Nachfolger, der Pfalzgrafen von Pfalz-Zweibrücken, und hier insbesondere diejenigen des damals regierenden Pfalzgrafen von Pfalz-Zweibrücken Karl August.

Hier setzte die Herzogin Maria Anna Josepha und der um sie versammelte Kreis von bayerischen Patrioten an. Sie machten dem mutlos gewordenen Pfalzgrafen, der glaubte, gegen den Habsburger Kaiser und den pfalzbayerischen Kurfürsten nichts ausrichten zu können, Mut, brachten ihm zu Bewußtsein, daß er nicht allein stünde, vielmehr ein Staat von europäischem Gewicht, nämlich Preußen, hinter seinen Interessen stünde. Maria Anna Josepha hatte den politischen Umstand, daß Preußen jeden politischen Schritt Österreichs, der dessen Macht vergrößern könnte, eifersüchtig belauerte, zu nutzen gewußt zugunsten der Interessen Bayerns. Unverzüglich nach Bekanntwerden der Abmachung Karl Theodors mit Österreich setzte sie sich mit dem Geheimagenten Friedrichs II. von Preußen, dem weimarischen Obristhofmeister Grafen Görtz sowie dem Gesandten des Pfalzgrafen Karl August von Zweibrücken in München, dem Baron Hofenfels in Verbindung. Sie bewogen den Pfalzgrafen Karl August, den Abmachungen Karl Theodors seine Anerkennung zu versagen und auf die Unverletzlichkeit der wittelsbachischen Hausverträge zu pochen. Karl August protestierte beim Reichstag in Regensburg gegen die Teilungspläne. Er versprach außerdem, nichts ohne Preußen zu unternehmen. In den geheimen Verhandlungen im Hause der Herzogin Maria Anna Josepha verpflichtete sich Preußen, „die Rechte des pfälzischen Hauses auf die Nachfolge in Bayern gegen die ungerechten Ansprüche des Wiener Hofes mit seiner ganzen Macht zu verteidigen“. König Friedrich II. trat mit Österreich in Verhandlungen; als diese nicht vorankamen, ließ er sein Heer an der böhmischen Grenze aufmarschieren, es kam zu dem sogenannten „bairischen Rummel“, dem sogenannten „Kartoffelkrieg“, bei dem kein Treffen stattfand. Die Österreicher nannten den Krieg „Zwetschgenrummel“ oder „Zwetschgenkrieg“. Nach etwa einem Jahr wurde am 13. Mai 1779 zwischen Preußen und Österreich der Friedensvertrag zu Teschen geschlossen (in Teschen wurde der Friedensvertrag zwischen dem Grafen Anton Törring-Seefeld und dem

Grafen Philipp Cobenzl ausgehandelt), der den Vertrag vom 3. Januar 1778 zwischen Pfalzbayern und Österreich aufhob. Österreich wurde lediglich das Inn- und Hausruckviertel belassen.

Die Herzogin war selbst mit Friedrich II. von Preußen in briefliche Verbindung getreten. Sie schrieb anläßlich des anstehenden Konfliktes an ihn: „Ich altes Weib muß jetzt ein Mann sein, weil aus allen unseren Männern alte Weiber geworden sind". Friedrich schrieb am 13. Februar 1778 an sie zurück: „Ach Madame, wären nur Sie der Kurfürst, wir würden nicht die Ankunft solcher schmählichen Ereignisse erleben müssen, angesichts dessen alle guten Deutschen bis auf den Grund ihres Herzens erröten müssen. Zumindestens wird es Bayern Euerer Durchlaucht verdanken, daß das Übel soviel wie möglich behoben worden ist. In welcher Ferne ich mich auch immer von Euerer Durchlaucht befinden mag, ich bin stets einer Ihrer Bewunderer gewesen. Stets habe ich Ihnen aus der Ferne applaudiert, wie die Christen die Engel feiern, deren Wunder sie verkündigen, die sie aber niemals erblicken."

Obgleich der Frieden zu Teschen Karl Theodor das Gesicht gewahrt hat, so war er doch kompromittiert vor seinen bayerischen Untertanen. Als die eigentliche Siegerin muß aber die Herzogin Maria Anna Josepha gelten, die sowohl die Integrität Bayerns, als auch die Interessen ihrer pfälzischen Dynastie bewahrt hat. Wenige Zeit später bestätigte sich dies, indem ihr Neffe Maximilian Joseph Kurfürst und später König von Bayern wurde.

Maria Anna Josepha widerlegte damit auf das eindringlichste das böse Wort, das die Herzogin von Orléans, Elisabeth Charlotte, die pfälzische Lieselotte, von ihren Angehörigen einmal schrieb; „Die Sulzbachischen Kinder haben das, daß sie haben schöne Figuren, sind aber einfältig, daß einer darüber lachen muß." Sie hat bewiesen, daß sie das Samtvisier, mit dem sie der Maler Georg Desmarées dargestellt hat, nicht nur für die Karnevalszeit aufsetzte, sondern es auch in Situationen, auf die es ankam, als Stahlvisier verwenden konnte. Als „Die Dame mit dem Samtvisier" hat ihr der liebenswerte Dichter und Romanautor Horst Wolfram Geissler ein literarisches Denkmal gesetzt.

Die Kraft ihrer Persönlichkeit, die sie für offene Menschen anziehend machte, hat ihr die Hilfe am bayerischen Hof gesichert. Ihren Rentmeister Andreas Andrée, der zu diesem Kreis gehörte, hat sie zwischen dem 7. und 10. Juni 1780 geheiratet, nachdem sie bereits im Jahre 1770 Witwe geworden war.

c) Prinzessin Maria Franziska Dorothea Christine – Die Stammutter der bayerischen Könige

Maria Franziska Dorothea Christine, die dritte der drei Schwestern, wurde am 15. Juni 1724 in Schwetzingen geboren. Sie starb am 15. November 1794 in Sulzbach und ist in der dortigen Pfarrkirche beigesetzt worden.

Am 15. Juli 1746 wurde sie in Mannheim mit dem Pfalzgrafen Friedrich Michael von Pfalz-Zweibrücken vermählt, dem sie fünf Kinder gebar, und zwar drei Prinzen und zwei Prinzessinnen.

Dynastische Bedeutung erlangte das älteste Kind Karl August, das seinem Onkel, dem Herzog Christian IV. von Pfalz-Zweibrücken in der Regierung dieses Herzogtums folgte, da die Kinder Christian IV. infolge der unebenbürtigen Ehe, die dieser eingegangen war, nicht erbfolgeberechtigt waren.

Weitere Bedeutung erlangte das jüngste Kind, nämlich Maximilian Joseph, der nach dem Tode seines Bruders Karl August, der am 1. April 1795 mit 48 Jahren in Mannheim verstarb, der Erbe des Kurfürsten Karl Theodor wurde und am 16. Februar 1799 Kurpfalz-Bayern erbte. Am 1. Januar 1806 hat er den Titel eines Königs von Bayern angenommen.

Maria Franziska Dorothea hatte ihren Gemahl bereits im Jahre 1742 bei der Hochzeit ihrer Schwestern mit Karl

Maximilian Joseph, seit 1799 als Nachfolger v. Karl Theodor, Kurfürst von Pfalz-Bayern, seit 1806 erster König von Bayern, geboren im Mannheimer Schloß als Sohn der Pfalzgräfin Maria Franziska Dorothea Christine, der jüngsten Schwester der Kurfürstin Elisabeth Auguste und des Pfalzgrafen Friedrich Michael von Pfalz-Zweibrücken-Birkenfeld; unbekannter Meister, Kurpfälzisches Museum Heidelberg

Theodor und Herzog Clemens von Bayern kennengelernt. Die Ehe schien alle Voraussetzungen zu haben, glücklich zu verlaufen. In einer uns überlieferten Faschingspredigt, die Bestandteil einer sogenannten „Wirtschaft" war (eine Gattung des höfischen Mummenschanzes, die im 17. Jahrhundert sehr beliebt war, aber auch noch Anfang des 18. Jahrhunderts gepflegt wurde), wird nicht nur darauf hingewiesen, daß der Liebesgott durch Gunst des Glücks ein junges Ehepaar zusammengesucht, sondern daß dieses auch unter kluger Aufsicht der Hauswirtin, also der Kurfürstin Elisabeth Auguste zusammengefunden habe. Obgleich es vorläufig nur zum Scherze zusammengetan worden sei, so werde doch gehofft, daß aus diesem Spaß bald „vergnügter Ernst" werde.

Diese „Wirtschaften" waren sehr beliebt. Die ganze Hofgesellschaft fand es schick, in Volkstracht zu erscheinen und sich von dem als Wirtsleute maskierten Fürstenpaar bewirten zu lassen. Die Faschingspredigt wurde kurz nach dem Regierungsantritt Karl Theodors gehalten. Die Hofgesellschaft erschien als Dorfgemeinde zu Mannheim. Der Hof selbst galt als die Wirtschaft zum Goldenen Löwen.

Die Ehe Franziska Maria Dorotheas mit dem Pfalzgrafen Michael von Pfalz-Zweibrücken verlief nicht glücklich. Ihr Gemahl war pfälzischer Generalissimus und wurde infolge der Mängel im militärischen Bereich, aber auch aufgrund seiner aufwendigen Lebensweise in höfische Intrigen und Zwistigkeiten, insbesondere mit seiner Schwägerin, der Kurfürstin Elisabeth Auguste, verwickelt, die ihn letztendlich auch seine militärische Führungsposition im pfälzischen Heer kosteten. Im siebenjährigen Krieg war er Reichsfeldmarschall. Sein militärischer Erfolg bestand darin, daß er Dresden von den Preußen eroberte und die sächsische kurfürstliche Familie befreite. Mißgünstige Chronisten vermerken hierzu, daß dies keine Heldentat gewesen sei, da er mit 40000 Mann gegen 4000 Mann des Grafen Schmettau Dresden eroberte. Im Jahr darauf war er mit seiner Armee mehr unterwegs, als daß er Gefechte austrug. Die Österreicher

Pfalzgräfin Maria Franziska Dorothea Christine von Pfalz-Zweibrükken (Sulzbach), jüngste Schwester der Kurfürstin Elisabeth Auguste, unbekannter Meister, um 1745/50, Kurpfälzisches Museum Heidelberg

sollen ihn aus Eifersucht nicht an die entscheidenden Stellen haben gelangen lassen. Eine Affaire seiner Gemahlin Maria Franziska Dorothea überschattete ihre Ehe.

Wie bereits erwähnt, war die Ehe der jünsten Prinzessin Maria Franziska Dorothea nicht glücklich. In einer alten Chronik eines anonymen, aber gut informierten, kenntnisreichen Verfassers wird bemerkt, daß es eine unnütze Frage sei, ob Pfalzgraf Friedrich Michael seine Gattin je geliebt habe. Man wisse, daß die Fürsten selten sogenannte Inklinations-, also Neigungsheiraten, machten. Diese Heirat hatte die Politik veranstaltet. Ihre Folgen zeigten aber, daß die beiden Ehegatten zumindestens keinen Widerwillen gegeneinander hegten, denn ihre Verbindung wurde mit mehreren Kindern, die der Prinz Friedrich für die seinigen hielt, gesegnet. Alle beiden seien aber durch ein zu leidenschaftliches Temperament geleitet und von zu schwachen Grundsätzen gewesen, als daß die reinste Treue ihre Ehe hätte lang beglücken können. Prinz Friedrich sei vermutlich der erste gewesen, der sich seinen „Nebenlüsten" überlassen habe. Allein die Prinzessin sei bald seinem Beispiele gefolgt. Daraus sei eines der empfindlichsten Abenteuer entstanden, das sich in dem pfälzischen Hause zugetragen habe.

Als Prinz Friedrich Michael im Jahre 1758 nach Wien reiste, sei dieser mit dem Benehmen der Prinzessin sehr unzufrieden gewesen. Denn er ließ eine sehr scharfe Instruktion zurück, kraft welcher seine Gemahlin nicht allein in ihrem Aufwand äußerst eingeschränkt, sondern auch der Aufsicht ihrer damaligen Hofdame, einem Fräulein von Osten, gänzlich unterstellt wurde.

Sei es nun diese Schärfe, die die Prinzessin erst recht zur Rache trieb, oder hätten schon damals Liebeshändel bestanden, die die Abwesenheit des Prinzen begünstigte, die Prinzessin pflegte, ungeachtet der strengen Aufsicht des Fräuleins von Osten, eine „strafbare" Verbindung mit einem Schauspieler der Mannheimer Bühne. Sie wurde schwanger.

Die Kurfürstin habe als erste Wind von diesem Ereignis bekommen. Aber statt ihr Ansehen vermittelnd zur ersten Unterrichtung des Gemahls der Prinzessin, ihres Schwagers, einzusetzen, wie dies die geschwisterliche Liebe erfordert hätte, schlug sie Lärm und meldete alles dem Herzog Christian und bewog ihn, dem Prinzen Friedrich Michael nichts zu erzählen. Der damalige Obrist und spätere General von Jörg und die Freiin von Eberstein wurden in das Geheimnis eingeweiht. Von da gelangte die Nachricht an den Prinzen Friedrich Michael. Dieser war über den ihm angetanen Schimpf auf das äußerste aufgebracht. Er war nicht zu besänftigen. In diesem Seelenzustand billigte er alle Maßnahmen, die zwischen seinem Bruder, Herzog Christian und dessen Frau, der Gräfin von Forbach, der Frau von Eberstein sowie dem Obristen Jörg zum Zwecke der Verheimlichung des Kindbetts der Pfalzgräfin vereinbart worden waren. Diese Maßnahmen bestanden darin, daß Maria Franziska Dorothea nach Straßburg zum damaligen Professor der Medizin und Hebammenkunst, Dr. Johann Fried gebracht werden und das Kind in seinem Hause entbinden sollte; das Kind solle unter einem gewöhnlichen Namen katholisch getauft und die Prinzessin selbst, wenn sie gefährdet sein sollte, bei einem zuverlässigen Geistlichen beichten und im Falle des Todes ohne Aufsehen beerdigt werden, im Falle aber einer glücklichen Entbindung und Genesung unter den verabredeten Vorsichtsmaßregeln nach Mannheim wieder zurückgebracht werden. Während ihres Straßburger Aufenthaltes sollte sie in Mannheim für sehr gefährlich krank ausgegeben werden. Nur der Hofarzt sollte nebst einigen weiblichen Dienstboten in das Geheimnis gezogen werden. Er allein sollte das Recht haben, ihr Zimmer zu betreten. Dem übrigen Dienstpersonal gebenüber sollte so getan werden, als sei die Prinzessin wirklich zugegen. Diese Diener hatten lediglich das Recht, das Vorzimmer zu betreten.

Diese Pläne wurden in die Tat umgesetzt. Die Prinzessin wurde im November 1759 von Professor Fried abgeholt. Sie gebar ohne Komplikationen am 4. Januar 1760 eine Tochter. Nachdem sie wieder völlig hergestellt war, wurde sie durch den Professor Fried wieder nach Mannheim zurückgebracht. Die Reise war so eingerichtet, daß sie vor Tagesanbruch vor dem Hause des Obristen Jörg anlangte. Dieser sperrte sie in seinem Zimmer ein. Er eilte in das Schloß, um von der Ankunft der Prinzessin Nachricht zu geben. Nach gepflogener Beratung wurde die Prinzessin abends um 8.00 Uhr, nachdem es bereits dunkel war, unbemerkt durch Herrn von Jörg auf ihr Zimmer in das Schloß gebracht.

Am folgenden Tag wurde das Gerücht verbreitet, daß sich die Gesundheit der Prinzessin verbessert habe. Das wurde jedoch nicht ganz offenkundig gemacht. Die Prinzessin wurde von einem intensiveren Hofleben ausgeschlossen.

Die Schilderung dieser Ereignisse zeigt die Art und Weise, wie man im 18. Jahrhundert Ereignisse kaschierte, die nur bei den Frauen als skandalös galten, bei den Herren aber gang und gäbe waren. Unser Chronist berichtet weiter, daß davon auszugehen sei, daß alle diese Maßregeln, ungeachtet der Gerüchte von der wahren Beschaffenheit der Krankheit der Prinzessin, nicht bekannt geworden wären, wenn man nicht auf unnötige Weise dem Prinzen Friedrich Michael die Schwangerschaft angezeigt hätte.

Es sei zu vermuten, schreibt unser Chronist weiter, daß – wenn man die Prinzessin anders behandelt hätte –, das Publikum ihren Fall bald vergessen oder vielleicht ganz an dessen Realität gezweifelt haben würde. Nun aber habe man einen sehr unvorsichtigen Schritt vorgenommen, der allen Argwohn bekräftigte. Man geriet auf den Einfall, die Prinzessin sowohl zur Strafe für das Vergangene als auch zur Verhütung eines gleichartigen Vergehens einsperren zu lassen. Der aufgebrachte Gatte gab hierzu seine Ermächtigung. Herzog Christian, geleitet durch die Frau Kurfürstin, ließ sich hierzu gebrauchen. Er hatte mit seiner Schwägerin eine ernsthafte Unterredung, in welcher er ihr ankündigte, daß es nicht möglich sei, daß sie weiterhin ein weltliches Leben führen könne, daß der Prinz, ihr Gemahl, zwar von ihrem „Verbrechen“ nichts wüßte, daß man aber ihm jenes zur Warnung eröffnen müßte, wenn sie sich dem Hofe aus freier Wahl nicht entziehen wollte. Daraus könnten für sie sehr schlimme Folgen entstehen. Um diesem zuvorzukommen, hätte sie nichts besseres zu tun, als das Klosterleben zu wählen. Die Prinzessin Maria Franziska Dorothea war unter dem Vorwand, daß ihre Gesundheit gekräftigt werden müsse, nach Zweibrücken gebracht worden, wo man ihr das ihr zugedachte Schicksal eröffnete. Die Prinzessin wurde durch den feierlichen Ernst des Herzogs, vielleicht aber auch durch wahre Reue dazu bewogen, den Vorhaltungen des Herzogs zuzustimmen. Sie schrieb ihrem Gemahl, daß es ihrer Meinung nach gut sei, sich während seiner Abwesenheit in einem Kloster zu verbergen. Sie wurde nach Metz in Lothringen gebracht, wo die Gräfin von Forbach, die Gemahlin des Herzogs Christian IV., eine Wohnung für sie im dortigen Ursulinenkloster ausgemacht hatte.

Ihre Neigung zum eingeschränkten Klosterleben schwand bald dahin. Ihr pfalz-zweibrückischer Stolz erwachte und sie begann, sich der Klausur, die man ihr vorschreiben wollte, zu widersetzen. Herzog Christian fürchtete nun, daß der Aufenthalt in einer großen Stadt die „Anmaßungen“ der Prinzessin begünstigen mochten. Die Grafin Forbach, um der Kurfürstin Elisabeth Auguste zu gefallen, bestärkte den Herzog in dem Vorsatz, der Prinzessin einen noch strengeren Zwang aufzuerlegen. Herzog Christian ersuchte und erwirkte über den kaiserlich-königlichen Gesandten zu Paris eine Anweisung an die niederländisch-österreichische Regierung, durch welche das Augustinerfrauenkloster zu Bonnevoye im Herzogtum Luxemburg den Befehl erhielt, die Prinzessin unter bestimmten Bedingungen aufzunehmen. Durch einen Abbé wurde sie in dieses Kloster gebracht. Sie blieb dort bis nach dem Tode ihres Gemahls, des Pfalzgrafen Friedrich Michael im Jahre 1767.

An der Unterbringung der Pfalzgräfin in Bonnevoye war die Marquise de Pompadour vermittelnd beteiligt. Ein Brief vom 8. Juli 1760 des Herzogs Christian IV von Pfalz-Zwei-

Friedrich Michael Pfalzgraf von Zweibrücken-Birkenfeld, Gemahl der Pfalzgräfin Maria Franziska Dorothea von Pfalz-Sulzbach; unbekannter Meister, um 1745/50

brücken, der zu der Marquise in einem guten Verhältnis stand, äußert seine Dankbarkeit für die Vermittlung der Marquise de Pompadour.

Nach dem Tode ihres Gemahls wollte Kurfürst Karl Theodor nicht mehr zulassen, daß seine Schwägerin in einem fremden Lande eingesperrt bliebe. Der verwitweten Prinzessin wurde zwar Rappoltstein im Elsaß als Witwensitz zugewiesen, Karl Theodor bot ihr aber an, das Stammschloß zu Sulzbach in der Oberpfalz als Witwensitz zu wählen. Die Prinzessin nahm mit Freuden an und reiste im Jahre 1767 oder 1768 dorthin.

Von dieser Zeit an lebte sie zurückgezogen. Ihre Kinder hatte man ihr nach den Ereignissen vom Jahre 1758 entzogen. Die Prinzen, der spätere Herzog Karl August von Pfalz-Zweibrücken und Maximilian Joseph von Pfalz-Bayern wurden unter die Aufsicht des Herzog Christian gestellt. Von den beiden Töchtern wurde die ältere, Maria Amalie Auguste, die spätere Kurfürstin von Sachsen, von der Kurfürstin Elisabeth Auguste, ihrer Tante, und die jüngere Tochter, Maria Anna, von der verwitweten Herzogin von Zweibrücken, ihrer Großmutter, aufgenommen. Nachdem Maria Franziska Dorothea ihre Freiheit wieder erhalten hatte, kamen zwar die Kinder nicht zurück, aber die Prinzessin führte eine ausgedehnte Korrespondenz mit ihnen. Sie wurde von ihren Kindern ebenso verehrt, wie sie sie liebte. Herzog Karl August, ihr ältester Sohn, war ihr besonderer Liebling. Bis zum Ende ihres Lebens war sie ihm durch zärtliche Briefe verbunden. Gerade dieser Sohn hat unter den Umständen der Behandlung seiner Mutter besonders gelitten, was nicht zuletzt seine schwierige Art als Mensch und später als Fürst erklärt.

Die Prinzessin Maria Franziska Dorothea war nicht von sehr starkem Charakter, um Hof und Etikette hat sie sich nicht sonderlich gekümmert. Der schon zitierte kursächsische Gesandte Graf Riaucour schreibt, daß die Prinzessin keinerlei Ansehen bei Hofe genieße. Es werde ihr vorgeworfen, daß sie den ihrem Stande gemäßen Anstand nicht

Maria Anna von Zweibrücken-Birkenfeld im Alter von 12 Jahren, Tochter der Pfalzgräfin Maria Franziska Dorothea Christine und deren Gemahl Friedrich Michael von Pfalz-Zweibrücken-Birkenfeld, von Heinrich Karl Brandt, um 1765, Kurpfälzisches Museum Heidelberg

beobachte und Leuten ihr Vertrauen schenke, die dessen unwürdig seien.

Unser anonymer Chronist über die Ereignisse um die Prinzessin Maria Franziska geht weniger hart mit ihr ins Gericht. Er schreibt, daß der Charakter dieser Prinzessin mehr schwach als böse war. Ihre Erziehung sei von „jesuitischem" Geist belebt worden und darin finde man den Ursprung ihrer meisten Fehler. Sie habe ein feuriges Temperament, ein weiches Herz, einen wenig aufgeklärten Verstand, einen am Hofe Karl Philipps erworbenen Hang zum Stolze. Daher könne man leicht die außerordentliche Empfindlichkeit, die sie immer auszeichnete, den Aberglauben, dem sie bis zur Ausschweifung ergeben gewesen sei, ihre Fehltritte und auch ihre Tugenden herleiten. An Witz fehlte es ihr nicht. Sie sei freigiebig und von ihren Untergebenen nicht ungeliebt gewesen.

Zu ihren Schwestern habe sie ein unterschiedliches Verhältnis gehabt. Zu ihrer älteren Schwester, der Kurfürstin Elisabeth Auguste, sei dieses problematisch gewesen; sie habe sich ihr vermutlich nicht gut fügen können. So sei auch das Verhalten ihrer kurfürstlichen Schwester zu ihr zu erklären, obwohl der genaue Grund, weshalb sich diese nicht schwesterlich in ihrer Krise verhalten habe, nicht bekannt gewesen sei. Die Herzogin Clemens war ihrer jüngeren Schwester gegenüber sehr nachsichtig gestimmt. An den Herzog Christian hat sie einen Brief geschrieben, in dem sie ihm nicht verhehlt, daß sowohl sie als auch der Kurfürst von Bayern das leidenschaftliche Betragen ihrer Schwester, der Kurfürstin, gegen die Prinzessin Maria Franziska Dorothea höchst mißbilligten.

Die außereheliche Tochter, die Maria Franziska Dorothea in Straßburg geboren hatte, verbrachte ihre erste Kindheit in Straßburg. Danach wurde sie in ein Kloster in der Bretagne gebracht. Sie hatte zwei Pflegeväter. Einer der beiden Pflegeväter wollte diese Tochter einem seiner Anverwandten zur Frau geben. Ihr Halbbruder, Herzog Karl August, erfuhr dies und verweigerte seine Zustimmung zu dieser Heirat. Er ließ die junge Dame unter dem Namen eines Fräulein von Einsiedel an seinen Hof kommen. Er stattete sie mit jährlichen Einkünften von 2000 Gulden aus und vermählte sie nach 1780 mit seinem Kammerherren und Obristen seiner Leibgarde, dem Freiherrn von Montigny.

Der ganze uns mitgeteilte abenteuerliche Vorgang zeigt die heikle Situation einer dynastisch vermählten Frau, weist auf, in welch brutale Verfahren sie geraten konnte. Maria Franziska Dorothea hatte Glück, daß sie einen dynastiebewußten Schwager hatte. Viele Frauen verschwanden für den Rest ihres Lebens in einem Kloster, wenn sie sich das zuschulden kommen ließen, was ihre Gatten ohne besondere Beanstandung praktizierten. Auf persönliche Gefühle hatte eine solche Frau keinen Anspruch.

d) Prinzessin Elisabeth Auguste Sophie Franziska von Pfalz-Neuburg – Tochter des Kurfürsten Karl Philipp von der Pfalz – Mutter der drei vorgenannten Prinzessinnen

Als der nachmalige Kurfürst Karl Philipp am 10. August 1688 in Berlin die 21 Jahre alte Luise Charlotte von Radziwill überraschend für das feudale Europa heiratete, galt er als der schönste Prinz seiner Zeit. In der Tat, er war von gutaussehender Gestalt, gebildet, ritterlich und kühn. Die Heirat mit Luise Charlotte von Radziwill löste deshalb so viel Überraschung in Europa aus, weil sie nicht nur als sehr schön galt, sondern auch als unermeßlich reich. Sie war die Witwe des Markgrafen Ludwig von Brandenburg, eines Sohnes des „Großen Kurfürsten". Von väterlicher Seite war sie mit einem reichen Erbe bedacht worden, das ihr riesige Güter in Polen und Litauen einbrachte.

Jakob, Sohn des Polenkönigs Johann Sobieski, des Befreiers der Stadt Wien von den Türken, konnte eine schriftliche Heiratszusage von ihr erlangen und sah damit seine Wahl zum Polenkönig gesichert. Der kaiserliche Hof in

Wien wollte dem aber nicht tatenlos zusehen. Insbesondere die Kaiserin Eleonore, dritte Gemahlin Kaiser Leopolds I., Schwester Karl Philipps, stellte eine Verbindung mit Luise Charlotte her. Karl Philipp kam unter dem Vorwand nach Berlin, der bevorstehenden Vermählung Jakob Sobieskis beizuwohnen. Der junge Pfalzgraf aber sollte seinen Eindruck auf die schöne und reiche Witwe nicht verfehlen, so daß schon nach zwei Tagen die heimliche Trauung zwischen den beiden stattfand. Karl Philipp kam, sah und siegte. Der Kurfürst und Markgraf von Brandenburg Friedrich III. soll von der Intrige des kaiserlichen Hofes nichts gewußt haben und sehr empört gewesen sein. In Wirklichkeit aber soll es sich um eine Intrige zwischen dem Kaiserhof, der jungen Markgräfin und auch dem brandenburgischen Kurfürsten gehandelt haben. Die vorgebliche Unwissenheit des brandenburgischen Kurfürsten hatte zum Ziel, sein Verhältnis zu Polen nicht zu belasten. Er stimmte aber mit der politischen Zielrichtung dieser Heirat überein, eine Stärkung der Macht des Hauses Sobieski zu verhindern und dadurch die Herausbildung einer Dynastie Sobieski zu ermöglichen. Aus politischen Gründen sollten keine stabilen Verhältnisse in Polen herrschen.

Wie dem auch sei, ohne das gegenseitige persönliche Engagement des schönen Paares wäre die Intrige sicher nicht gelungen. Der junge Pfalzgraf nahm seinen Wohnsitz in Brieg in Schlesien, das ihm verpfändet worden war.

Hier wurde auch am 17. März 1693 als drittes Kind die Prinzessin Elisabeth Auguste Sophie Franziska geboren. Zwei Geschwister starben schon vor dieser Geburt. Leider hat Elisabeth nicht lange in der positiven Atmosphäre der glücklich verlaufenden Ehe ihrer Eltern aufwachsen können. Ihre Mutter starb am 23. März 1695 in Brieg an der Geburt ihres jüngsten Kindes, eines Prinzen, der am Tage zuvor nach der Geburt gestorben war.

Sechs Jahre nach dem Tode von Luise Charlotte heiratete Karl Philipp aus politischen Gründen erneut eine polnische Prinzessin, nämlich Theresia Katharina Lubomirska. Sie

Kurfürst Karl Philipp von der Pfalz, Großvater der Kurfürstin Elisabeth Auguste und ihrer Schwestern, v. Pierre Louis Goudreaux, um 1716/20, Kurpfälzisches Museum Heidelberg

Louise Charlotte Fürstin Radziwill, erste Gemahlin des späteren Kurfürsten Karl Philipp von der Pfalz, Großmutter der Kurfürstin Elisabeth Auguste und ihrer Schwestern, v. unbekanntem Meister, um 1690, Kurpfälzisches Museum Heidelberg

war als Tochter des Fürsten Joseph Karl Lubomirsky von Ostrog im Jahre 1683 geboren worden und ging in Krakau am 15. Dezember 1701 die Ehe mit dem Pfalzgrafen Karl Philipp ein. Theresia Katharina Lubomirska gebar ihm zwei Töchter, von welchen die erste, nicht ganz zwei Jahre alt, früh starb, die zweite Tochter starb, gleichfalls nicht ganz drei Jahre alt, schon früh an den Blattern in Innsbruck, denen auch die junge Mutter und Pfalzgräfin am 17. Januar 1712 in Innsbruck im Alter von 27 Jahren erlegen ist.

Aus seinen beiden Ehen blieb ihm lediglich die genannte Elisabeth Auguste Sophie Franziska. Es hätte nicht viel gefehlt, so hätte er sie bei der erwähnten Blatternepidemie in Innsbruck, an der sie gleichfalls erkrankt war, verloren.

Der adlige Meisterschnorrer und Schuldenmacher Baron Karl Ludwig von Pöllnitz berichtet in seinen Memoiren, daß sie sehr liebenswert sei, obgleich sie ein wenig von den Windpocken gekennzeichnet sei, jedoch vollkommen gewachsen. Diese seine einzige Tochter liebte Karl Philipp mit größter Zärtlichkeit und Verehrung.

Nach Innsbruck kam Karl Philipp als Statthalter von Tirol, zu welchem ihn Kaiser Karl Leopold I., sein Schwager, im Jahre 1705 ernannt hatte. Die Statthalterposition war eine reich dotierte Pfründe. Sie erlaubte Karl Philipp eine stattliche Hofhaltung, die es ihm ermöglichte, auch ein reiches kulturelles Leben zu entfalten. Von 1707 bis zum Jahre 1717 weilte er in Innsbruck und hinterließ bei Land und Leuten nicht nur, was den Glanz seiner Hofhaltung, sondern auch seine Regierungsfähigkeiten betraf, einen sehr guten Eindruck.

Prinzessin Elisabeth Auguste Sophie muß schon sehr früh die musischen Neigungen ihres Vaters geteilt haben. Dies beweist, daß der Vater zu Ehren seiner Tochter musikalische Aufführungen veranstaltete. So ließ er im Jahre 1717 zu ihrem 24. Geburtstag eine Kantate mit dem Titel „Versi per musica“ aufführen, in der vier Götter und Göttinnen mit einem Chor um die Wette die Prinzessin besingen.

Kurze Zeit später, am 25. April 1717, wurde die junge Pfalzgräfin abends um ½ 8 Uhr in dem Saal der Residenz des Statthalters mit großer Feierlichkeit und viel Pomp mit dem Pfalzgrafen Joseph Karl Emmanuel von Pfalz-Sulzbach durch den Bruder Karl Philipps, den Bischof von Augsburg, Alexander Sigismund, getraut.

Eine alte Chronik berichtet, daß die junge Pfalzgräfin aus angeborener kurpfälzischer Freigebigkeit und Andacht sogleich ihr schönes weißes Hochzeitskleid, mit großen goldenen Spitzen geziert, dem wundertätigen Maria Hilf-Bildnis verehrt hatte. Es handelt sich bei diesem Bildnis um ein Madonnenbild von Lucas Cranach, das heute noch in der St. Jakobs-Kirche in Innsbruck bewundert werden kann. Die Opferung des Hochzeitskleides erfolgte aus Dankbarkeit für die überstandene gefährliche Blatternkrankheit, aus der die Prinzessin wunderbar errettet worden sei.

Karl Philipp war zur Zeit der Heirat seiner Tochter bereits Kurfürst von der Pfalz. Mit dem Tode seines Bruders Johann Wilhelm, Kurfürst von der Pfalz, Herzog von Jülich und Berg, am 18. Juni 1716 in Düsseldorf ging die Kurwürde auf Karl Philipp über.

Die Heirat mit dem Pfalzgrafen Joseph Karl Emmanuel von Pfalz-Sulzbach hatte natürlich einen politischen Hintergrund. Der Pfalzgraf war am 2. November 1694 in Sulzbach geboren. 1716/1718 stand er mit seinem Regiment im Kampf mit den Türken in Ungarn. Vom Kaiser wurde er zum Obristen, später zum Generalmajor ernannt. 1723 erhielt er die höchste habsburgische Auszeichnung, das Goldene Vlies.

Bereits mit 17 Jahren, also im Jahre 1711 wurde er durch das kurfürstliche Wahlkollegium nach Innsbruck zu dem Statthalter Karl Philipp gesandt, damit dieser dem in Mailand weilenden Kaiser Karl VI. die Nachricht seiner Wahl überbringe. Joseph Karl Emmanuel begleitete Karl Philipp nach Mailand.

Aus der Ehe mit Elisabeth Auguste Sophie Franziska gingen neben den bereits beschriebenen drei Prinzessinnen noch weitere vier Kinder hervor. Das erste Kind war ein Prinz, also ein möglicher Erbe des Kurfürsten Karl Philipp mit gleichem Namen, der aber bereits im Alter von sechs Jahren verstarb. Es folgte ein weiterer Prinz, der jedoch noch am Tage seiner Geburt starb. Dann folgte die Geburt der drei genannten Prinzessinnen. Nach der jüngsten, Maria Franziska Dorothea, folgte ein weiterer Prinz, der aber nicht ganz zwei Jahre alt wurde.

An dem siebten und letzten Kind, gleichfalls einem Prinzen, starb auch die Pfalzgräfin. Am Tage vorher, am 27. Januar hatte man den toten Prinzen „stückweise" von ihr genommen. Am 28. Januar 1726 ist auch die Pfalzgräfin nach fürchterlichen Qualen in Mannheim gestorben.

Es ist zu vermuten, daß die Prinzessin, wenn damals der Kaiserschnitt möglich gewesen wäre, problemlos entbunden hätte. Elisabeth Auguste Sophie Franziska wurde in der Karmeliter-Kirche St. Jakob in Heidelberg beigesetzt und im Jahre 1805 nach München in die St. Michaels-Kirche überführt. Im Jahr darauf, am 18. Juli 1729, folgte ihr der Gemahl, der in Oggersheim verstarb und gleichfalls in der St. Michaels-Kirche in München begraben ist. Über die Auswirkung des Todes der beiden auf Kurfürst Karl Philipp wurde bereits berichtet.

Über den Hof Karl Philipps in Heidelberg und in Mannheim berichten uns u.a. die Memoiren und Briefe des Barons von Pöllnitz. Diese Briefe und Erinnerungen sind in französischer Sprache im Jahre 1734 erschienen. Sie umfassen fünf Bände und haben fünf Auflagen erlebt. In Band I und Band IV dieser Memoiren berichtet Pöllnitz über seinen Aufenthalt am Hofe Karl Philipps in Heidelberg. In Band I findet sich auch ein Brief, der aus Mannheim berichtet. In diesen Berichten erhalten wir Nachrichten über die Prinzessin Elisabeth Auguste Sophie.

Pöllnitz berichtet, daß er bei seinem Aufenthalt im Jahre 1719 am pfälzischen Hof in Heidelberg vom Kurfürsten zur Tafel gebeten wurde. Es wurde ihm die Frage gestellt, ob er schon das große Faß gesehen habe. Als er verneinte, teilte ihm der Kurfürst mit, daß er ihn persönlich dahin führen wolle. Er schlug der Prinzessin, seiner Tochter, der Gemahlin des Erbprinzen von Pfalz-Sulzbach vor, nach dem Mahl hinzugehen. Dieser Vorschlag wurde angenommen. Die Trompeten eröffneten einen Marsch und der Hof folgte in großer Feierlichkeit. Nachdem man auf die Plattform, die sich auf dem großen Faß auch heute noch befindet, gestiegen war, erwies der Kurfürst dem Baron Pöllnitz die Ehre, ihm einen Willkommensgruß zu entbieten, der in einem silbervergoldeten Becher von großem Volumen voll Weins bestand. Er leerte ihn in einem Zug. Nachdem er ihn hatte erneut füllen lassen, ließ er ihn Pöllnitz durch einen Pagen überbringen. Dieser Gunsterweis und der Respekt, welchen Pöllnitz dem Kurfürsten schuldete, erlaubten ihm nicht, den Pokal auszuschlagen. Pöllnitz erbat sich die Erlaubnis, ihn nach seinem Belieben zu leeren, in verschiedenen Schlucken. Dem wurde stattgegeben. Der Kurfürst wandte sich nunmehr den Damen zu. Pöllnitz nutzte die Ablenkung des Kurfürsten, und es war für ihn kein Gewissenskonflikt, den Kurfürsten zu täuschen. Einen Teil des Weines goß er hinter das Faß, einen anderen Teil auf den Boden und den geringeren Teil trank er. Er war sehr glück lich, daß niemand seinen Betrug merkte. Der Kurfürst war sehr zufrieden mit ihm. Man trank noch mehrere große Gläser. Die Damen befeuchteten ihre Lippen, um so zur Niederlage der Herren beizutragen. Pöllnitz schreibt, daß er einer der ersten war, den die Kräfte verließen. Er bemerkte zuckende Bewegungen, die auch ihm bei Fortsetzung des Trinkens drohten. Er stahl sich davon und stieg, so leise er konnte, von der Plattform des großen Fasses. Er wollte sich zurückziehen. Aber als er sich an der Eingangspforte zum Keller befand, stand dort die Leibgarde. Sie kreuzte die Gewehre und rief „Halt, keiner darf hier durch". Pöllnitz beschwor sie, ihn passieren zu lassen und nannte gute Gründe, die ihn zwängen, den Keller zu verlassen. Aber dies waren alles verlorene Worte. Er fand sich umzingelt.

Sollte er auf das Faß gebracht werden, so dachte er sich, so würde das seinen Tod bedeuten. Was sollte werden? Er versteckte sich unter das Faß in der Hoffnung, daß er dort verborgen bleiben könne. Eine nutzlose Vorsorge: Man hatte sein Verschwinden noch nicht entdeckt. Man wähnte ihn außerhalb des Kellers und fühlte kein Verlangen, ihn zurückzubringen. Der Kurfürst jedoch bemerkte seine Flucht. Pöllnitz verstand seine Worte, als er sagte, „wo ist er", „was ist aus ihm geworden?", man möge nach ihm suchen und ihn tot oder lebendig herbeibringen. Die Torwachen wurden befragt. Sie sagten, daß Pöllnitz bei der Pforte erschienen sei, daß sie ihn aber zurückgeschickt hätten. Alle diese Untersuchungen, die Pöllnitz in seiner Nische verfolgen konnte, brachten ihn erneut in Bewegung. Er versteckte sich unter zwei Planken, die er durch Zufall fand. Weder eine Katze, noch der Teufel, noch ein Page hätten ihn dort finden können, so schwierig schien es. Ein kleiner Page jedoch, der, wie es schien, sowohl Teufel als auch Page zugleich war, entdeckte ihn. Er rief wie ein Verzweifelter: „Hier ist er, hier ist er".

Man zog Pöllnitz aus seinem Versteck. Er überließ sich dem Richter, der kein geringerer als der Kurfürst selbst war. Pöllnitz nahm sich die Freiheit, ihn und die Kavaliere seines Gefolges als Richter anzurufen. Der Kurfürst, offensichtlich in guter Laune, sagte: „Ach mein kleiner Herr, Sie rufen uns zu Richtern an! Ich werde Euch jedoch andere Richter geben: Wir sehen, daß sie besser sein werden." Er nominierte die Prinzessin, seine Tochter, und ihre Damen, Pöllnitz den Prozeß zu machen. Der Kurfürst wurde sein Ankläger. Pöllnitz verteidigte sich selbst. Jedoch die Damen verurteilten ihn einmütig, solange zu trinken, bis er tot sei. Der Kurfürst jedoch milderte dieses Urteil, indem er ihn verpflichtete, jeden Tag vier große Gläser, enthaltend eine ganze Kanne Weins, zu trinken und dies während der nächsten folgenden fünfzehn Tage. Des weiteren habe er die nächsten fünf Tage an seiner Tafel nach der Mahlzeit ein gleiches Glas auf seine Gesundheit zu leeren. Alle Welt bewunderte die Milde des Kurfürsten. Pöllnitz mußte das gleiche tun und sich bedanken, natürlich durch Zutrinken. Aber keine Angst, Pöllnitz verlor sein Leben nicht, sondern nur für einige Stunden sein Sprach- und Denkvermögen. Man trug ihn auf ein Bett, wo er einige Zeit danach, nachdem er wieder zu Bewußtsein gekommen war, feststellen mußte, daß auch seine Ankläger sich in dem gleichen Zustand befanden wie er selbst, daß sie den Keller in einem anderen Zustand verließen als in dem, in welchem sie ihn betreten hatten. Am nächsten Tag hatte der Kurfürst die Güte, ihn von dem Spruch des Damengerichtes zu entbinden. Er war zufrieden, daß er während eines Monats an seiner Tafel speiste.

Wir erleben die Pfalzgräfin Elisabeth als fröhliche Assistentin an der Seite ihres trinkfesten Vaters. Keineswegs wird sie den Konsum an Wein aufzuweisen haben, wie ihr Vater, was schon daraus hervorgeht, daß Pöllnitz nur von einem Befeuchten der Lippen der Damen berichtet.

Die Pfalzgräfin war feineren Künsten und Genüssen zugetan. Pöllnitz beschreibt sie als sehr schön gewachsen und liebenswert. Sie beherrsche alles, was einer Prinzessin gezicmend sei. Sie tanze und singe mit viel Grazie, besonders italienische Arien, bei welchen sie sich selbst auf dem Klavier in großer Vollkommenheit begleitete.

Ihr Gemahl, der Prinz von Pfalz-Sulzbach, sehe gleichfalls gut aus. Sein Aussehen zeige, wer er sei. Er habe einen sehr ernsten Gesichtsausdruck, der ihm ein etwas strenges Aussehen gebe. Dies mindere aber nicht im geringsten seine Höflichkeit; und er sei gegenüber Fremden sehr aufmerksam und rücksichtsvoll. Er zolle dem Kurfürsten außerordentlich großen Respekt, der seinerseits wiederum ihm jegliche Zärtlichkeit erweise. Das Ehepaar habe einen Sohn, der in Neuburg wohne und dort aufwachse. Man habe ihn dort zurückgelassen, um seine Gesundheit nicht zu gefährden. – Aber bereits im Jahre 1724 sollte dieser junge Prinz sterben.

Elisabeth Auguste Sophie Franziska von Pfalz-Neuburg, Tochter des Kurfürsten Karl Philipp und dessen ersten Gemahlin Louise Charlotte Fürstin Radziwill, Mutter der Kurfürstin Elisabeth Auguste und ihrer Schwestern, kopiert um 1760 nach einem Original um 1725, Kurpfälzisches Museum Heidelberg

Die Prinzessin begebe sich, nachdem sich ihr Vater zurückgezogen habe, in ihre Gemächer, wo sie immer große Assemblée halte und oft Konzerte veranstalte. Sie lasse sich bei den italienischen Arien durch eine Signora Claudia, eine ihrer Kammerfrauen, begleiten. Zu diesen kleinen Konzerten würden auch Musiker aus der Hofmusik des Kurfürsten herangezogen; und diese sei eine der vollkommensten, die man hören könne. Der Prinz von Pfalz-Sulzbach assistiere manchmal, ziehe sich aber meist zur selben Zeit wie der Kurfürst in seine Gemächer zurück.

Die Heirat mit diesem Prinzen von Pfalz-Sulzbach hatte, wie schon erwähnt, politische Gründe. Es wäre sicher ein leichtes gewesen bei dem Rang und Ansehen des Vaters, die Prinzessin mit dem Angehörigen eines noch berühmteren Herrscherhauses zu vermählen. Aber Kurfürst Karl Philipp von der Pfalz mußte um seine Herzogtümer Jülich und Berg fürchten. Sein Vater hatte mit dem „Großen Kurfürsten" von Brandenburg im Jahre 1666 einen Erbvergleich geschlossen, der die Teilung der ursprünglich zusammengehörenden Gebiete Cleve, Mark und Ravensberg, Jülich und Berg und die Herrschaft Ravenstein zwischen dem Hause Brandenburg und dem Hause Pfalz-Neuburg zum Inhalt hatte. Zu den Herzogtümern Jülich und Berg gehörte die Stadt Düsseldorf. Dies erklärt auch, daß der Vorgänger Karl Philipps, sein Bruder Kurfürst Johann Wilhelm, seine Residenz in Düsseldorf aufschlagen konnte. Nun hatte dieser Vertrag eine Klausel, wonach jeder der Vertragspartner versprach, den anderen im ungestörten Besitz seines Teils zu belassen und dies auch für die Deszendenten, also auch für die Nachfolger gelten zu lassen. Der Enkel des „Großen Kurfürsten", Friedrich Wilhelm I., der Vater Friedrichs II. von Preußen, legte jedoch die Klausel so aus, daß dies nur für die männlichen Erben des Hauses Pfalz-Neuburg gelte. Da Karl Philipp nunmehr nur noch eine Tochter habe, werde er nach dem Ableben des Kurfürsten die getrennten Gebiete wieder vereinigen und in Jülich-Berg einmarschieren.

Joseph Karl Emmanuel von Pfalz-Sulzbach, Gemahl der Elisabeth Auguste Sophie Franziska von Pfalz-Neuburg, Vater der Kurfürstin Elisabeth Auguste und ihrer Schwestern, kopiert um 1760 nach einem Original um 1725, Kurpfälzisches Museum Heidelberg

Kurfürst Karl Philipp jedoch war der Auffassung, daß auch seine Tochter erbberechtigt sei und darüber hinaus die Linie Pfalz-Sulzbach, da diese ihm in der Kurwürde nachfolgen werde. Diese politische Auffassung führte zur Ehe der Pfalzgräfin Elisabeth Auguste Sophia Franziska, seiner Tochter, mit dem Prinzen von Pfalz-Sulzbach.

Seine ganze Regierungszeit hindurch kämpfte Kurfürst Karl Philipp um die Durchsetzung seiner Auffassung, was ihm schließlich gegen Ende seines Lebens gelang. Die Herzogtümer Jülich und Berg blieben im Besitz seines Nachfolgers und Großneffen Karl Theodor, der ein Sohn des Bruders seines Schwiegersohnes war.

Der so früh verstorbenen Prinzessin Elisabeth Auguste Sophia Franziska hielt der Hofprediger und Jesuitenpater Adam Straus in der katholischen Pfarrkirche in Mannheim die Totenpredigt. Aus dieser Totenpredigt lassen sich einige Aspekte der Persönlichkeit dieser Prinzessin herausfiltern. Sie bestätigt, daß sie von der Natur sehr schön gestaltet war. Sie hatte zierliche Gebärden, war kraftvoll und gesund. Sie war von den drei Grazien sehr reich beschenkt worden und in den freien Künsten sehr geschickt.

Die musikalische Begabung wird gleichfalls hervorgehoben. Was die Poeten von Calliope, einer der neun Musen, hinsichtlich ihrer Kunst und lieblichen Stimme hervorheben, habe der kurpfälzische Hof nicht nötig, der verstorbenen Fürstin zuzudichten, sie habe sie in Wirklichkeit besessen. So sei der Tag in guter Erinnerung, an dem sie in der Benediktinerabtei zu Oetal in der Kirche das Salve Regina gesungen habe. Sie habe auch Mädchen aus ärmeren Volksschichten in Musik unterrichtet, um ihnen diese Kunst gleichsam als Heiratsgut zu vermitteln.

Sie beherrschte das Klavier- und Lautenspiel. Die Erholungsstunden habe sie mit schönen Melodien nützlich zugebracht.

Zusammengefaßt sei zu sagen, daß die Kunst der Natur und ihr Fleiß in der Persönlichkeit der Prinzessin so viele hochschätzbare Kleinodien zusammengetragen habe, daß sie eine vollkommene Fürstin gewesen und ihr Ruf auch über den Hof hinaus gedrungen sei. Nicht nur fürstliche, sondern auch königliche Häuser haben angesichts dieser Erscheinung die Prinzessin als mögliche Stammutter in Betracht gezogen. Aber was seien alle Gaben der Natur, was die Geschicklichkeit der Kunst, was die Erfahrung des Fleißes, was die Schönheit des Leibs, was der schöne Leffzen-Purpur, was der weiße Alabaster der erhobenen Stirn, was die lieblich blühenden Rosen in den Wangen, was die großen herumwalzenden Augen-Kugeln, was die von Milch gebleichten Hände, was die allervollkommenste Leibesgröße und Figur? Alle Gaben der Natur ohne die innere geistreiche Schönheit verrufe der weise Mann als eitel und betrüglich, und diese Schönheit habe sie besessen.

Elisabeth wird als tugendreich gewürdigt, in dem Schoße aller schnöden Lustbarkeit sei sie mit christlicher Stärke umgürtet gestanden. Auch die scharfsichtige Welt, der hundertäugige Hof-Argus, könne nichts anderes vermerken, als daß sie sehr tugendsam gewesen sei.

Aus christlicher Nächstenliebe heraus habe sie arme zerlumpte Mädchen von neuem gekleidet, Verlassenen und Witwen Nahrungsmittel verschafft, das Geld unter die Bedürftigen reichlich ausgeworfen. Ja, es seien noch lebende Zeugen dafür da, daß sie alles Gold und Silber, welches ihren Händen damals zugekommen sei, ohne jeden Vorbehalt für eigene Bequemlichkeit und Sinnlichkeit unter die Armen oder in die Kirchen ausgestreut habe.

In der Maria-Hilf-Kirche in Innsbruck habe sie einen kostbaren Altar aus massivem Silber errichten lassen. Ein kunstvoll gearbeiteter Thron, gleichfalls aus massivem Silber, sei aufgesetzt worden. Auf der einen Seite des Altars finde man den Namen und das Herz ihres Vaters Karl Philipp und auf der anderen Seite den Namen und das Herz der verstorbenen Pfalzgräfin. Ihre Verehrung galt nicht nur der Muttergottes, sondern auch dem Erzengel Michael. Sie war überzeugt gewesen, daß er ihrem Hause mit besonderem Schutz beistünde. So sei nämlich ihr Großvater Philipp Wilhelm als damals noch kindlicher Prinz aus äußerster Lebensgefahr gerissen worden. In Gestalt eines Armen, der sich Bettlern zugesellt habe, die wegen Hunger und Elend verzagten, habe er sie bis an den Hof nach Neuburg begleitet, um den Bettlern einerseits ein reiches Almosen zu verschaffen und andernteils den jungen Prinzen zu retten. In Neuburg angekommen, ließ der Erzengel durch den Armen die Bedienten warnen, den Prinzen sogleich aus seinem Wohnzimmer in ein anderes zu bringen. Die Bedienten gehorchten der Stimme sofort, und nachdem der Prinz weggebracht war, stürzte der obere Teil des inneren Gebäudes in sich zusammen, der sonst den Prinzen unter sich begraben hätte.

Von der Prinzessin habe man nie ein schlüpfriges oder zweideutiges Wort gehört, Worte, die in der heute üppigen Welt an Tafeln und in Gesellschaften als zierliche sinnreiche Blumen geehrt werden wollen. Habe die Prinzessin solche Worte gehört, so habe sie diese mit ernsthaftem Angesicht und deutlicher Ungnade bestraft.

Die Prinzessin sei mit anderen Damen auf dem Tanzboden erschienen, sie sei auch kostbar geschmückt mit Diamanten, Perlen, Silber und Gold erschienen. Niemals aber habe sie die unverschämte Auftreibung der Brüste als eine Zierlichkeit gebilligt. Sie sei hiervon eine betonte Feindin gewesen. Wohl habe sie Mildtätigkeit sowohl hohen als auch niedrigen Standespersonen gegenüber, welche Not und Armut drückten, erwiesen. Aber von denjenigen, die den Ruf eines geil-verdächtigen Lebens hatten, nein, von dergleichen Venusgesindel wollte sie nichts hören und wissen.

Von ihr werde erzählt, daß sie schon seit ihrer Jugend, obgleich sonst von unschreckbarem Mut, durch ein einziges Wort ihres Vaters in Furcht und Zittern gesetzt worden sei. Ungeachtet dessen sei aber ihr Vater bestrebt gewesen, diese Tochter stets mit außergewöhnlichen Dingen zu erfreuen.

Den Tod ihrer Kinder habe sie durch die Stärke und durch den Trost ihres mütterlichen Herzens gottergeben getragen.

Gegen ihre Feinde habe sie sich christlich verhalten, indem sie ihre Beleidiger nicht vernichtet, sondern sie mit mildester Freundlichkeit willkommen geheißen und ihnen Gutes erwiesen habe. Nun könne man auf den Gedanken kommen, daß dies eine verstellte Freundlichkeit gewesen sei, daß vielleicht unter dem süßen Honig ein gefährliches Gift verborgen sei und nur das innerliche Rachefeuer habe ihre Augen so freundlich leuchten lassen. Denn es sei doch wohl die allgemeine Hofphilosophie, nicht allein die Wunden des verletzten Gemüts, sondern auch die geheime Rachevorbereitung bis auf einen gelegenen Zeitpunkt unter dem Schein der Freundschaft zu verbergen.

Nein, die Prinzessin habe ihren Beleidiger sogar selbst um Verzeihung gebeten, obgleich das angesichts ihres heftigen Naturells kaum glaubhaft erscheine. Den Kampf zwischen ihrer rachefeurigen Natur und dem Gebot der göttlichen Liebe habe letztere in ihrer Seele gewonnen.

Ihre Mildtätigkeit wird immer wieder in dieser Predigt unterstrichen. Sie ist ein beredtes Zeichen, wie man damals die Lösung sozialer Probleme und Aufgaben verstand. Hier in der Residenzstadt Mannheim seien ihre mütterlichen Neigungen zwangsläufig bekannt geworden. Sie habe von den übriggebliebenen Speisen, besonders von der Abendtafel, die Armen täglich speisen lassen. Sie habe darauf geachtet, daß nichts woandershin verschleppt werde oder von großen Hunden weggenommen würde. Es gebe kein Unglück oder einen Gebäudezusammenbruch, bei dem sie nicht sofort ihre Hilfsboten hinbeordert hätte. Es gebe keinen Kranken oder eine Mutter, in schweren Kindsnöten gelegen, bei welchen sie nicht anfragen ließ und ihre eigenen Bedienten mit Rettungsmitteln, Medizin und Erquickungssäften hinsandte. Des öfteren habe sie sich selbst zu den Notleidenden tragen lassen. Habe sie von einer Jungfrau gehört, deren Unschuld dem Raub der geilen

Geier ausgesetzt gewesen sei, so habe sie versucht, diese zu retten, zu ernähren, zu kleiden und mit dem Nötigen zu versehen. Es gebe keinen Kerker, in welchem Gefangene einsaßen, denen sie nicht Almosen und Speisen zukommen ließ. Sie habe sich der Ausgestoßenen angenommen, indem sie sie in Schutz nahm und ihnen Hilfe zukommen ließ. Als Beispiel werde auf eine arme Frau hingewiesen, der der Krebs die Wangen abgefressen hatte und die wegen ihres Gestankes von den anderen verstoßen worden war. Sie habe sie aufgenommen und auf das Beste verpflegen und mit einer silbernen Mundprothese versehen lassen. Es würde viel zu weit führen, alles aufzuzählen, was sie Gutes erwiesen habe, insbesondere wie sie sich um die Spitäler gesorgt, was sie den armen Kindern zukommen ließ, insbesondere jenen zu Breslau an Geld vermacht habe.

Armen Witwen, ja allerlei Standespersonen habe sie Kleidung, Geld, Nahrung, Hausrat und Steuer geschenkt.

Dies strapazierte natürlich ihre Geldschatulle. Sie habe nicht viel gefragt, ob der Bittende der Hilfe auch würdig sei. Sie habe einfach gesagt: „Gebt ihnen." Man habe ihr vorgehalten, daß sie auch an ihre eigene Person denken und nicht alles für fremde Personen verwenden solle. Ungeachtet der Mahnung des Zahlmeisters bezüglich der großen Ausgaben habe sie eingewandt, daß solche Ausgaben einen reichen Samen bedeuteten, der hundertfältig Frucht tragen würde. Sie habe nach dem Grundsatz gehandelt, wer barmherzig sei, finde auch Barmherzigkeit.

Ihre Mildtätigkeit habe sich auch auf den Arm der Gerechtigkeit erstreckt. Viele habe sie vom Strang, vom Schwert, vom Geißelstreich und schimpflichen Brandmarken bewahrt. Dies sei sogar soweit gegangen, daß man ihr die Verurteilten verschweigen oder die Übeltaten vorstellen mußte, die diese begangen hatten, um nicht die Justiz völlig zu hemmen.

Für die Toten habe sie durch das angemessene Meßopfer und Gebet gesorgt. Sie habe ein Sterbeglöcklein gießen und in der Kapelle der heiligsten Dreifaltigkeit in Mannheim aufhängen lassen, damit man Sterbende mit dem Gebet begleiten konnte.

Böswillige werden sagen, daß sie leicht Almosen geben konnte, sei sie doch die Tochter eines so mächtigen Herren wie des Kurfürsten gewesen. Aber werde solch' ein Einwand nicht von einem unchristlich harten Herz ausgesprochen, um sich selbst zu rechtfertigen? Hätten diejenigen, die solche Äußerungen tun, eine solche Armut erfahren, daß ihnen kein Stück Brot, kein Kreuzer für die ächzenden Armen übrig bleibe? Kann denn von dem Spieltisch, auf dem alle Tage die Münzen so hell klingen, keine einzige unter die Bresthaften fallen? Kann und darf denn von der Tafel, welche doch alle Tage mit Überfluß prange, kein Bißlein für den Rufenden an die Pforte gebracht werden? Müssen denn die Hunde die Knochen allein abnagen, nachdem sie schon zuvor mehrere Pfunde davongetragen haben? Ist in dem so reich bestückten Kleiderschrank nichts zu finden, kein Lumpen von den einst gehaltenen Redouten und Maskeraden übriggeblieben, die man den Armen zuwerfen könne? Gott möge es ihnen verzeihen.

Es darf natürlich die Mildtätigkeit der verstorbenen Prinzessin zugunsten der Ausschmückung der Kirchen nicht unerwähnt bleiben. So habe sie in der Pfarrkirche zu Mannheim den aus dem Tabernakel geraubten und in Stücke gebrochenen und verkauften Speisekelch durch einen weit reicheren und geeigneteren ersetzt. Für den Altar des Hl. Franziskus Xaverius habe sie einen aus Karmesinsamt gefertigten, mit silbernen Borten und Fransen besetzten Thron zur Aussetzung des Allerheiligsten gestiftet. Desgleichen habe sie kostbare Stoffe für priesterliche Gewänder zur Verfügung gestellt. Der Kapelle der heiligsten Dreifaltigkeit habe sie durch die Überlassung des Materials ihrer reichsten Kleider zu großer Ausschmückung verholfen.

Diese Stiftungen lassen sich noch in einer sehr langen Reihe fortsetzen. Wir wollen es dabei sein Bewenden sein lassen.

Obgleich bei gewissen Anlässen großer Schmuck anzulegen gewesen sei, habe sich die Prinzessin überwunden, des öfteren auch ohne diesen Schmuck in der Öffentlichkeit zur Verwunderung aller zu erscheinen. Sie habe sich auch in Askese geübt. So war ihre große Leidenschaft der Cafféetrank; dennoch habe sie sich einst entschlossen, ein ganzes Jahr auf dieses von ihr so geliebte Getränk zu verzichten, obwohl ihr dieser Verzicht manche Träne abgenötigt habe.

Wir können eine religiös stark geprägte Frau erkennen, die ihren Glauben auch als Verpflichtung auffaßte und diese Verpflichtung auch im Hinblick auf ihren fürstlichen Stand sah. Wir erkennen eine leidenschaftliche Frau, die ihre Leidenschaften in der ihr möglichen Kunst sublimierte, die sie zu zügeln suchte auch hinsichtlich ihres Temperaments, die offensichtlich auch zur Rachsucht neigte. Versehen mit einem großen weiblichen Herzen fragte sie wenig nach fragwürdigen Normen, sondern sah in erster Linie im Mittelpunkt ihres Handelns den Menschen, dem sie zu helfen versuchte, soweit es im Rahmen ihrer damaligen Welt möglich war.

Kapitel 2

Im Zwielicht – vom Status der Favoritin zur nicht bekannten Gemahlin – Maria Violanta Theresia, Reichsfürstin von Thurn und Taxis

a) Maria Violanta Theresia wurde am 1. April 1683 als Gräfin und Tochter des Reichsgrafen Philipp Wilhelm Konstantin von Thurn und Taxis (1647–1703) und dessen Gemahlin Maria Adelheid Freiin von Aham zu Wildenau und Weisendorf (1652–1714) geboren. Der Geburtsort ist uns nicht bekannt. Da ihr Vater jedoch zu der 1852 im Mannesstamme erloschenen Augsburg-Neuburger Linie gehörte – er war kaiserlicher und kurbayerischer Hofrat und Truchseß, kaiserlicher und kurbayerischer Kämmerer – und in der Umgebung von Neuburg an der Donau und weiterer benachbarter Bezirke begütert war, so ist zu vermuten, daß sie in Neuburg an der Donau oder in München auf die Welt kam. Den in Deutschland ungewöhnlichen Namen Violanta hat sie vermutlich nach ihrer Taufpatin erhalten, nämlich der jüngsten Tochter des Kurfürsten Ferdinand Maria von Bayern, Violanta Beatrix, deren Bruder, der bayerische Kurfürst Maximillian II. Emanuel, auch ihren Bruder gleichen Namens aus der Taufe hob. Auch kam sie von Neuburg an der Donau im Jahre 1720 mit dem Kurfürsten Karl Philipp nach Schwetzingen und von da nach Mannheim.

Maria Violanta Theresia von Thurn und Taxis starb am 2. November 1734 (nach Maximilian Huffschmid, a.a.O. am 2. April 1734) in Mannheim. Sie ruht neben dem Kurfürsten Karl Philipp in der Gruft unter dem Altar der Schloßkirche des Mannheimer Schlosses.

Sie war seit 1729 die dritte Gemahlin des Kurfürsten Karl Philipp.

Sarkophag der Reichsfürstin Maria Violantha Theresia von Thurn und Taxis, dritte Gemahlin des Kurfürsten Karl Philipp, in der Fürstengruft der Schloßkirche im Mannheimer Schloß, Foto v. Verfasser

Am Hofe des Kurfürsten Karl Philipp in Mannheim nahm sie die Stellung einer Hofdame bei dessen oben beschriebenen Tochter, der Prinzessin Elisabeth Auguste Sophie Franziska von Pfalz-Neuburg (verehelicht: von Pfalz-Sulzbach) ein. Nach dem Tode der Prinzessin wurde die Gräfin Maria Violanta Theresia von Thurn und Taxis durch kurfürstliches Schreiben vom 27. Dezember 1732 und vom 30. April 1733 zur Obersthofmeisterin der Kinder der verstorbenen Prinzessin, den oben beschriebenen drei Prinzessinnen, bestellt. Damit wurde ihr die Oberaufsicht über die Erziehung der Enkelinnen des Kurfürsten Karl Philipp übertragen.

Als der Kurfürst die damals 37jährige Gräfin von Thurn und Taxis mit nach Mannheim nahm, war er bereits acht Jahre Witwer. Er befand sich bereits im 59. Lebensjahr, war also mehr als zwanzig Jahre älter als die Gräfin. Dennoch scheint der Kurfürst eine Neigung zu der Gräfin, die nicht gerade als sehr schön gegolten haben soll, gefaßt zu haben, die groß genug war, um sie zu seiner Favoritin oder auch Mätresse zu wählen. Einer dritten Heirat gegenüber war der Kurfürst abgeneigt.

Die Position einer Favoritin war an den Höfen unterschiedlich.

Man kann drei Hauptgruppen unterscheiden. Da sind einmal die Favoritinnen, die die Aufgabe haben, den jeweiligen Fürsten das zu geben, was sie infolge einer dynastischen Heirat, die aus rational politischen Gründen erfolgte, entbehren mußten. Sie wurden zwar von dem jeweiligen Liebhaber verwöhnt, und wenn dieser locker genug war und das Bedürfnis eines Wechsels spürte, reich dotiert mit Präziosen oder einer Rente entlassen oder mit einem ansehnlichen Kavalier verheiratet.

Zur zweiten Gruppe kann man diejenigen Favoritinnen zählen, die zwar den menschlichen Bedürfnissen des Fürsten Genüge taten, die meist von akzeptabler Herkunft waren, die einen Einfluß ausübten auf die Vergabe von Ämtern und vermögenswirksamen Vergünstigungen, aber nur einen beschränkten politischen Einfluß ausübten auf den Fürsten, dessen Favoritin sie waren.

Zur dritten Gruppe, die allerdings schon so klein ist, daß man sie kaum als eine Gruppe bezeichnen kann, gehören diejenigen Favoritinnen, die nicht nur den Bedürfnissen ihres Herren Genüge taten, sondern diesen auch vollkommen beherrschten und durch den ihnen assoziierten Fürsten Politik machten.

Dieser Typus der politischen Frau im 18. Jahrhundert, also „la maîtresse en titre", die offizielle ausschließliche Geliebte wird von politischen und dramatischen Schriftstellern besonders ins Visier genommen. Sie wird für all jene Mißstände und all das Versagen des politischen Systems des absolutistischen Fürstentums verantwortlich gemacht.

Friedrich Schiller hat im Jahre 1782 in Oggersheim die Arbeit an seinem Trauerspiel „Kabale und Liebe" (Luise Millerin) begonnen. In diesem Trauerspiel zeichnet er im zweiten Akt in der Gestalt der Lady Emilie Milford den Typus der Favoritin eines Fürsten, wie er von den aufklärerischen Schriftstellern gesehen wurde. Die Gestalt des Majors Ferdinand Walter läßt er die damalige Meinung über solche Frauen äußern: „Schon öfters überlebte Tugend die Ehre. Schon manche, die mit Schande in diese Schranke trat, hat nachher die Welt durch edle Handlungen mit sich ausgesöhnt und das häßliche Handwerk durch einen schönen Gebrauch geadelt – aber woher denn jetzt diese ungeheuere Pressung des Landes, die vorher nie so gewesen? – Das war im Namen des Herzogtums." Lady Milford, der dieser Vorwurf gilt, antwortet: „Krank – ohne Namen – ohne Schutz und Vermögen – eine ausländische Waise, kam ich nach Hamburg. Ich hatte nichts gelernt als das bißchen Französisch – ein wenig Filet und den Flügel – desto besser verstund ich auf Gold und Silber zu speisen, unter damastenen Decken zu schlafen, mit einem Wink zehn Bediente fliegen zu machen und die Schmeichelei der Großen ihres Geschlechts aufzunehmen. – Sechs Jahre waren schon hingeweint. – Die letzte Schmucknadel flog dahin – meine

Wärterin starb – und jetzt führte mein Schicksal Ihren Herzog nach Hamburg. Ich spazierte damals an den Ufern der Elbe, sah in den Strom und fing eben an zu phantasieren, ob dieses Wasser oder mein Leiden das Tiefste wäre? – Der Herzog sah mich, verfolgte mich, fand meinen Aufenthalt, lag zu meinen Füßen und schwur, daß er mich liebe. Alle Bilder meiner glücklichen Kindheit wachten jetzt wieder mit verführendem Schimmer auf – schwarz wie das Grab graute mich eine trostlose Zukunft an – mein Herz brannte nach einem Herzen – ich sank an das seinige.

Jetzt verdammen sie mich!"

Und weiter sagt Lady Milford: „Der Fürst überraschte zwar meine wehrlose Jugend – aber das Blut der Norfolk empörte sich in mir: Du, eine geborene Fürstin, Emilie, rief es, und jetzt eines Fürsten Konkubine? – Stolz und Schicksal kämpften in meiner Brust, als der Fürst mich hierher brachte und auf einmal die schauderndste Szene vor meinen Augen stand. – Die Wollust der Großen in dieser Welt ist die nimmersatte Hyäne, die sich mit Heißhunger Opfer sucht. Fürchterlich hatte sie schon in diesem Lande gewütet – hatte Braut und Bräutigam zertrennt – hatte selbst der Ehen göttliches Band zerrissen – hier das stille Glück einer Familie geschleift – dort ein junges unerfahrenes Herz der verheerenden Pest aufgeschlossen, und sterbende Schülerinnen schäumten den Namen ihres Lehrers unter Flüchen und Zuckungen aus – Ich stellte mich zwischen das Lamm und den Tiger, nahm einen fürstlichen Eid von ihm in einer Stunde der Leidenschaft, und diese abscheuliche Opferung mußte aufhören."

Lady Milford ergänzt weiter: „Ich nahm dem Tyrannen den Zügel ab, der wollüstig in meiner Umarmung erschlappte – dein Vaterland, Walter, fühlte zum erstenmal eine Menschenhand und sank vertrauend an meinen Busen ... ich habe Kerker gesprengt – habe Todesurteile zerrissen und manche entsetzliche Ewigkeit auf Galeeren verkürzt. In unheilbare Wunden habe ich doch wenigstens stillenden Balsam gegossen – mächtige Frevler in Staub gelegt und die verlorene Sache der Unschuld oft noch mit einer buhlerischen Träne gerettet –."

Friedrich Schiller hat sich, wenn auch pathetisch, bemüht, dem krassen Negativbild dieser Frauengestalten ein Gegenbild zur Seite zu stellen, das diesen Frauen sehr viel gerechter wird als die einseitigen aufklärerischen Schriften.

Die im gleichen Jahr wie unsere oben geschilderte Kurfürstin Elisabeth Auguste geborene Jeanne Antoinette Marquise de Pompadour (geboren 29. 12. 1721 in Paris, gestorben 15. 4. 1764 in Versailles) ist diejenige Frauengestalt, in der die Maîtresse en titre ihren gesellschaftlichen und politischen Höhepunkt erreicht hat.

Es war nicht allein der Einfluß auf König Ludwig XV. von Frankreich, der ihre bedeutende Stellung begründete, sondern in erster Linie ihre überragende Persönlichkeit. Schön, geistvoll, witzig und gebildet, hat sie den König ihr ganzes Leben lang zu fesseln gewußt, ragte weit über die übrigen Mitglieder des Hofes hinaus und bestimmte im entscheidenden Maße die Politik Frankreichs.

Ihre kulturgeschichtliche Wirkung beschränkt sich nicht auf den Arbeitsbeutel für Damen, der Pompadour genannt wurde, sie hat vielmehr einen ganzen Stil geprägt. Der Kunststil des Louis-Quinze ist auf ihren Einfluß zurückzuführen und sollte eigentlich ihren Namen tragen.

Keine europäische Fürstengestalt kam an ihr vorbei. Selbst die sittenstrenge und fromme Kaiserin Maria Theresia vonHabsburg konnte eine Korrespondenz mit ihr nicht vermeiden.

Die ungeheuere Last und Strapaze, die die Stellung der Marquise von Pompadour abforderte, wird treffend von Friedrich Schiller durch die Worte der Lady Milford wiedergegeben.

Mit knapp 42 Jahren hat die Marquise de Pompadour auch ihr Leben beendet.

Versailles war in Europa das Vorbild aller Fürsten und sei es auch der bedeutungslosesten. Je nach Rang und Bildung der einzelnen Landesherren sah die Qualität der Imitation aus. Das galt für die Hofhaltung im allgemeinen, wie auch für die Zuordnung einer Favoritin im besonderen. Vielleicht rührt dieses Negativbild, auch der Marquise de Pompadour, von den unqualifizierten Imitationen der Position einer Maîtresse en titre durch zweit- oder drittklassige Duodez-Fürsten her. Diese Mätressen wurden als Verkörperung von Frivolität, Genußsucht und Leichtsinn gesehen, die den Fürsten zur Verschwendung, Verweichlichung und Günstlingswirtschaft veranlaßten. Das Wort, das man einer deutschen Mätresse zuordnete, sie sei eine deutsche Pompadour, galt als Schimpfwort.

Dennoch ragen einige Gestalten auch in Deutschland an das Format der Lady Milford heran, wie etwa die Gestalt der Franziska von Hohenheim, der Mätresse des Herzogs Karl Eugen von Württemberg, gegen dessen Gestalt sich die Empörung Schillers in seinem Drama Kabale und Liebe in erster Linie richtete. Sie hat viel Gutes bewirkt, manche Milderung herbeigeführt und erfreute sich großer Beliebtheit bei den unterprivilegierten Schichten des Volkes.

Maria Violanta Theresia von Thurn und Taxis könnte eher zu der zweiten Gruppe der Favoritinnen gezählt werden. Ihre Motive, die Favoritin des Kurfürsten Karl Philipps zu werden, mögen denjenigen der Lady Milford gleichen.

Kurfürst Karl Philipp hat ihr im Rahmen des Hofes nicht den Rang und die Position eingeräumt, die eine Marquise de Pompadour oder fiktiv Lady Milford hatte. Im Gegenteil, sie hatte relativ niedrige Dienste einer Kammerfrau beim Kurfürsten zu verrichten.

Dennoch hatte sie einen offensichtlich starken Einfluß auf die Persönlichkeit des Kurfürsten. In der oben angesprochenen politischen Problematik der Herzogtümer Jülich und Berg stärkte sie die Auffassung des Kurfürsten. Sie veranlaßte ihn, sich den Bemühungen des kaiserlichen Hofes um eine Lösung des Streitfalles zwischen Preußen und Kurpfalz zu widersetzen. Der kaiserliche Hof in Wien legte dem Kurfürsten nahe, auf die Regierung zugunsten seines

Bruders, des Kurfürsten Franz Ludwig von Trier, zu verzichten (er hatte nur die niederen Weihen empfangen). Dieser sollte einst die Regierungsnachfolge in der Kurpfalz antreten, indem er seine geistlichen Würden niederlegte und in den Ehestand trat.

Das Haus Österreich war daran interessiert, sowohl den Kurfürsten Karl Philipp als auch die übrigen Mächte im römisch-deutschen Reich zu gewinnnen, denn Kaiser Karl VI. benötigte die Anerkennung seiner „Pragmatischen Sanktion“, die die Erbfolge seiner Tochter Maria Theresia nach Aussterben der habsburgischen Manneslinie sichern sollte. Die österreichische Diplomatie arbeitete mit allen Mitteln der Einflußnahme, seien es Bestechungen oder Versprechungen. Ihre Versuche richteten sich auch an Amtsträger des kurpfälzischen Hofes, wie etwa an den Freiherrn Friedrich August von Schleinitz, der als Agent des Prinzen Eugen galt. Er betonte immer wieder, daß es wichtig sei, die Gräfin von Thurn und Taxis für die Pläne des Hauses Österreich zu gewinnen, in der er die Schlüsselfigur der kurpfälzischen Politik sah. Dies ist nicht gelungen, die Gräfin war dem Kurfürsten absolut loyal verbunden.

b) Schon in den damaligen diplomatischen Korrespondenzen nach 1729 wird darauf hingewiesen, daß Kurfürst Karl Philipp Maria Violanta Theresia von Thurn und Taxis zur Gemahlin genommen habe. Karl Philipp hat sich allerdings nie offiziell zu seiner Gemahlin bekannt. Im Gegenteil, nach wie vor mußte sie die niedrigsten Kammerbedienungen verrichten und den Kurfürsten in seinen Verdrießlichkeiten trösten. Obgleich man wußte, daß sie die angetraute Gemahlin des Fürsten war, begegnete man ihr am Hofe dennoch nicht anders als einem „schlechten Fräulein“, d.h. einem Fräulein von niedrigem Stande.

Obgleich der Fürst ihr den Titel Exzellenz zuerkannte, so habe er ihr, wie eine polemische Schrift uns überliefert, nicht einmal erlaubt, daß nur ein einziger von seinen Bedienten sie des Nachts in seinem Gemache sah, wohin sie aus dem ihrigen, welches oben darüber war, durch eine verborgene Stiege herabstieg und sehr früh wieder hinaufging. Die Gräfin von Thurn und Taxis gebrauchte alle mögliche Vorsicht, damit ihre Kammerfrauen sie nicht bemerkten, obgleich dies viele Jahre dauerte.

Während ihres ganzen Lebens mit dem Kurfürsten hat Maria Violanta Theresia von Thurn und Taxis unter dem Stolz des Oberkammerherren und Minister des Kurfürsten Heinrich Wilhelm Freiherrn von Sickingen zu leiden gehabt. Er stand dem Fürsten sehr nahe, der ihm kaum zu widersprechen wagte. Eines Tages, so wird berichtet, habe die Gräfin viele Tränen wegen des Verhaltens des Freiherrn von Sickingen vergossen und über dessen trotziges Begegnen bittere Klagen geführt. Nun sah sich der Kurfürst veranlaßt, seinen Minister deswegen zur Rede zu stellen. Doch der schon alte Kurfürst wurde kurz und bündig abgefertigt. Freiherr von Sickingen sagte: „Wenn Sie das gräfliche Fräulein öffentlich für Ihre Gemahlin erkennen, so will ich der erste sein, ihr meine Ehrerbietung zu bezeigen, wo nicht, so erlauben Sie mir, daß ich sie bloß als eine ... (wahrscheinlich als Mätresse) oder als eine Hofmeisterin der jungen Prinzessinnen betrachte. Weder bei einer noch bei der anderen Eigenschaften bin ich ihr etwas schuldig, weil ich mehr als sie bin. Wenn Ihnen die Art, der ich mich in meinen Handlungen bediene, nicht ansteht, so bin ich bereit, mich wieder zu den Meinigen zu begeben." Der Kurfürst schluckte diese bittere Pille widerspruchslos, und Freiherr von Sickingen fuhr fort, sein bisheriges Verhalten zu praktizieren.

Das „Freylle Taxis", wie die Gräfin auch genannt wurde, wurde mehr oder weniger scherzhaft als Frau Gräfin von der Marck bezeichnet. Dieser Julius August Graf von La Marck, wie er vom Freiherrn von Pöllnitz tituliert wird, war Generalleutnant, Kapitän der Schweizer Garde und Ritter des Hubertusordens, wird als ein Mann französischer Höflichkeit und heiteren Gemütes beschrieben, der gerne eine gute Tafel, Frohsinn und Vergnügen liebte, und dem die Gräfin gerne bei offiziellen Veranstaltungen Gesellschaft leistete. Ihren Einfluß machte sie des öfteren auch zu seinen Gunsten geltend. Der Kurfürst selbst sagte zuweilen scherzend zum Grafen von der Marck: „Sagt dieses oder jenes Euerer Frau". Der Einfluß der Gräfin von Thurn und Taxis kam auch ihrem Bruder Maximilian Emanuel Graf von Thurn und Taxis zugute. Er wurde Kapitän der Leibgarde, Generalleutnant und Ritter des Hubertusordens. Sein Wesen wird von Pöllnitz als barsch und hochfahrend beschrieben. Er sei aber denen gegenüber sehr familiär, die sein Vertrauen haben. Sein Einfluß bei Hofe wird als groß beschrieben. Geboren im Juni 1680 in München und daselbst am 8. August 1747 gestorben, war er seit dem 27. November 1737 in zweiter Ehe mit Freiin Maria Leopoldine von Sikkingen verheiratet, die seit 1731 Sternkreuzdame und später Obersthofmeisterin der Kurfürstin Elisabeth Auguste wurde.

Er darf nicht verwechselt werden mit dem Grafen Joseph Philipp von Thurn und Taxis, der als kurfürstlicher Kämmerer fungierte. In der bereits genannten polemischen Schrift, nämlich den „Amusemens des Eaux", erschienen in deutscher Übersetzung in Lüttich im Jahre 1739, angeblich verfaßt von einem Chirurgen namens Wunderlich, wird er als Prahlhans und beschränkt, aber als flotter Tänzer geschildert. So kolportiert er stets seine Geschichte, daß ihm in einem Gefecht das Bein in dem Ellenbogen weggeschossen worden sei. Dies, obgleich er sich dieses Armes sehr wohl bedienen konnte. Auch habe er nicht nur einen schrecklichen Hieb, sondern gleich mehrere dieser Art auf den Kopf bekommen. Man hat ihn zu dieser Äußerung durch entsprechende Aufforderung provoziert, offensichtlich in Kenntnis der Bedeutung der französischen Redensart „avoir un coup de hache à la tête", was nichts anderes bedeutet, als nicht richtig im Kopfe zu sein. Nichts weniger konnte der Graf vertragen, als wenn er Zweifel an seinen Erzählungen feststellen mußte. Deshalb unterließ er es nicht, alle Augenblicke die Dinge, die er erzählte, mit „der Teufel hol mich" zu bekräftigen, was natürlich allgemeines Gelächter hervorrief. Bei einer dieser wiederholten Berichte befand sich auch der Schalk oder Hofnarr des Kurfürsten Karl Philipp in der Gesellschaft. Er wird als kleiner Kerl geschildert, der aber nicht boshaft sei. Er habe zwar ein etwas verrücktes Gehirn und sage tausenderlei possierliches Zeug durcheinander. Dennoch treffe er die Situation zuweilen ziemlich richtig. Bei diesem Hofnarren kann es sich um keinen anderen gehandelt haben als den berühmten Zwerg Perkeo, der demnach auch im Schloß zu Mannheim sein Wesen trieb. Den Grafen von Thurn und Taxis fertigte er mit folgenden kurzen Worten ab: „Alles dieses habe ich dich schon hundertmal erzählen hören; du bist nichts als ein Jesuit und eine feige Memme." Er drehte sich halbrechts um und ging fort. Die Beschreibung des Hofnarren zeigt eine tragische Komponente des Schicksals von Behinderten, die nicht das „große Glück" hatten, als Hofnarren fungieren zu können. Der Zwerg Perkeo wird geschildert als ein Mensch, der immer die gleichen Worte, welche ihm auf keine einzige Art zukamen, auch zu anderen sprach. Die aber hätten keine Acht auf diese Rede dieses Unsinnigen. Öfters geschehe es, daß er einen guten Einfall habe, er könne ihn aber nicht bei sich behalten. Denn sein Gehirn und seine Zunge seien ein aufgezogenes Uhrwerk, wie das Gehirn eines Papageis, es müsse ablaufen bis ans Ende und dasjenige, was ihm entfahren sei, vielmals wiederholen. Er unterlasse auch nicht, vor dem Kurfürsten auf die gleiche Art zu reden. Allein dieser Fürst, anstatt ihn zu verprügeln, lege ihm den Finger auf den Mund, ihm das Stillschweigen damit aufzuerlegen. Es habe zwar der Narr alsdann Verstand genug zu begreifen, daß er schweigen solle, aber dem allen ungeachtet muß das Uhrwerk doch losgehen. Denn er rede eine Viertelstunde lang lauter verwirrtes Zeug durcheinander, ohne ein einziges Wort deutlich auszusprechen, wie ein Papagei zu tun pflege, wenn er schwatze. Er habe eine ganz runde Zunge wie diejenige dieses Vogels und die sinnlichen Gliedmaßen des Kopfes seien ohne Zweifel eben auch so beschaffen: Denn, wenn er halbweg ein wenig Wein im Kopf habe, so lasse er sich unmöglich stillen; er wiederhole sodann gewisse Schreie ebensooft wie ein Papagei das seinige ohne Unterlaß fortsetze. Damit höre er nicht eher wieder auf, als bis die Dünste vom Wein wieder verflogen seien. Er halte sich für einen Kammerherren des Kurfürsten, welcher ihm aus Gnaden die Sorgfalt über gewisse Stücke überlassen habe, für die er sorgen müsse, wenn man seinen Herrn ankleide. Dieses jedoch verrichte er vollkommen und mit viel Aufmerksamkeit.

Kein Zweifel, nach dieser Schilderung, muß es sich um unseren Perkeo handeln. Jedoch um einen tragischen Perkeo. Erschütternd, wie man mehrfach Behinderte einstufte, sie waren oft mit Tieren gleichgestellt. Aber auch bis in unser Jahrhundert hinein hat man sie vielfach nicht einmal als Menschen angesehen.

Aus welchen Gründen der Kurfürst die Eheschließung mit Maria Violanta Theresia von Thurn und Taxis nicht bekannt gab, ist selbst dem Verfasser der Amusemens unbekannt. Dies, obgleich doch der Beichtvater (der Jesuitenpater Nikolaus Staudacher) ohne das geringste Geheimnis daraus zu machen, darüber frei redete. Er habe sich sogar öffentlich gerühmt, daß die Gesellschaft Jesu die Seele des Fürsten dadurch der Hölle entrissen habe, daß sie ihn zu dem Heiratsschluß mit dem Fräulein von Taxis verleitet hätte.

Gleichfalls nicht bekanntgegeben hat der Kurfürst die Erhebung Maria Violanta Theresias von Thurn und Taxis in den Reichsfürstenstand, die am 8. März 1733 auf Betreiben des Kurfürsten durch Kaiser Karl VI. erfolgte. In der Ernennungsurkunde werden die der Gräfin nebst einem rühmlichen Lebenswandel beiwohnende Vernunft und löblichen Qualitäten und Eigenschaften besonders gewürdigt. Sie wird in des heiligen römischen Reiches Fürstenstand gnädiglich erhoben und gesetzt, in den wirklich nun wahren Stand, Ehre, Vorrechte und Würde des Kaisers und des heiligen römischen Reiches recht geborenen Fürstin erhoben. Ihr wird das Prädikat und Ehrenwort Hochgeborene zuerkannt. Ihr soll unter dem Titel einer Muhme und des heiligen Reichs Fürstin geschrieben werden. Ihr wird erlaubt, ihr väterliches Wappen auf einem roten Hermelinmantel mit einem dem fürstlichen Stand zukommenden Fürstenhut zu führen und zu gebrauchen.

Nach den damaligen rechtlichen Grundsätzen, war die Ehe eine standesungleiche Ehe, also eine sogenannte Mißheirat. Sie war zwar eine gültige Ehe, aber ohne die vollen Rechtswirkungen einer solchen. Die nichtebenbürtige Ehefrau erhielt nicht den bevorrechtigten Stand ihres Ehemannes. Sie nahm nicht an dem Rang, dem Namen und dem Wappen des Ehemannes teil. Auch blieben ihr die vermögensrechtlichen Vorteile des Standes ihres Ehemannes vorenthalten. Die aus einer solchen Ehe hervorgehenden Kinder erhielten den Rang und den Stand ihrer Mutter. Sie konnten daher keine dynastischen Nachfolgerechte geltend machen. Diese Ehe wird auch als eine sogenannte morganatische Ehe bezeichnet. Dies bedeutet, daß die vermögens- und erbrechtliche Stellung der Ehefrau und ihrer Kinder durch einen Ehevertrag geregelt wurde, weil die Frau nur eine Morgengabe, aber kein sogenanntes Wittum, also keine Vermögenswerte für ihre Witwenschaft erhielt. Alles hing davon ab, was der standeshöhere Ehemann seiner Frau bei Abschluß der Ehe an Vermögenswerten zukommen ließ. Denn nur auf dieses hatte sie Anspruch.

Wegen der Form der Trauung wurden solche Ehen auch Ehen zur linken Hand genannt.

Da die Erhebung in den Reichsfürstenstand sowohl eine erbliche als auch eine persönliche, also nur auf die Person des Ernannten beschränkt sein konnte, da dies bei der Reichsfürstin von Thurn und Taxis nicht klar ist, mag vielleicht darin ein Grund der Geheimhaltung durch den Kurfürsten zu sehen sein. Es wäre durchaus denkbar gewesen, daß sie nach ihrer Erhebung den Titel und die Würde einer Kurfürstin hätte beanspruchen können.

Vielleicht wollte der Kurfürst einer solchen Streitfrage und einer öffentlichen Diskussion dieser Frage aus dem

Wege gehen. Vielleicht wollte er auch andererseits mit der Erhebung seiner Gemahlin in den Reichsfürstenstand diese für die erlittenen Demütigungen entschädigen. Es hat die neue Fürstin sicher geschmerzt, daß sie nicht die öffentlichen Ehrungen, die ihr zugekommen wären, erfahren durfte.

Ob die Verbindung mit dem Kurfürsten mit Kindern gesegnet war, ist nicht bestimmt. In verschiedenen Quellen wird zwar davon gesprochen, daß die Reichsfürstin von Thurn und Taxis dem Kurfürsten zwei Söhne geboren habe. Auch die Herzogin Elisabeth Charlotte von Orléans spricht davon, daß ein „mißgeborener Pfalzgraf", d.h. ein unebenbürtig geborener Pfalzgraf vorhanden sei. Doch spricht die Inschrift auf ihrem Sarkophag davon, daß sie in unfruchtbarer Ehe Gattin, wenn auch nicht Mutter von Nachkommen, so doch eine fruchtbare Mutter vieler Tugenden gewesen sei.

Ihr Nachlaß war nicht sonderlich ansehnlich, wie die Amusemens berichten. Dies hatte zur Folge, daß die Erben weiter nichts als ein mittelmäßiges Vermögen vorfanden, das höchstens dazu diente, daß sie gemächlicher als vorher leben konnten. Dieses Vermögen hatte sie dem Kurfürsten vermacht. Der aber habe die Erbschaft ausgeschlagen und sie ihren Erben hinterlassen, von denen wir nicht wissen, wer sie waren.

Das Schicksal Maria Violanta Theresias von Thurn und Taxis zeigt das Schicksal einer deutschen Frau im 18. Jahrhundert, die den Zwängen ihres Standes, in den sie hineingeboren war, unterworfen wurde. Zwänge, denen sich auch ihr Gemahl unterwerfen mußte, der aus Rücksicht auf seine politische Position mehr oder weniger genötigt war, das menschlich Gebotene und das von der Liebe zweier Menschen zueinander Geforderte zu unterlassen und der ihm zur Seite gestellten Frau Wunden und Narben der Seele zuzufügen.

Kapitel 3

Miniaturen: Die Mätressen des Kurfürsten Karl Theodor von der Pfalz in Mannheim

Die Fürsten jener Zeit hatten unterschiedliche Motive, sich mit Mätressen zu umgeben. Der Kurfürst Max II. Emmanuel von Bayern (1679–1729) äußert einmal gegenüber seiner Gemahlin auf eine ihrer Beschwerden hin, daß er nicht alle seine Mätressen aus seinem Lebenskreis entfernen könne, die er vor seiner Ehe gehabt hatte. Sonst müßte er, um nicht überall eine zu finden, nach Indien gehen. Und im übrigen, auf alte Mätressen komme man nicht zurück. Das Evangelium der Liebe sei Neuheit.

Diese Einstellung war weit verbreitet. Dies kommt auch in der bereits oben zitierten Faschingspredigt, die Bestandteil einer sogenannten „Wirtschaft" war, zum Ausdruck: – Cupido, der römische Gott der Liebe in Gestalt eines Kindes, wird als großer Schalk geschildert. Dies hat schon der Ritter Don Quichotte de la Mancha, der Ritter von der traurigen Gestalt, erfahren müssen: Die Liebe hat viel Freuden, muß aber auch brav leiden. Auch mich alten Narren Cupido führt auf seinem Karren.

Cupido treibt sein Unwesen nicht nur in Portugal und Spanien oder Frankreich. Was braucht es viele Länder durchzureisen, nehmen wir unser liebes Teutschland, was vor Liebs-Streiche thut nicht dieser kleine Hertzens-Zauberer anzeddeln? Die Bayerische Nudeln, thut er mit seinen Liebes-Pulver besudeln; in Tyrolischen Nocken, thut er darin hocken, in Schwäbischen Gemüther, regiert er Hosen und Mieder; In Sachsen, hat er die schönen Mädel auf Bäumen wachsen; In Franken, hat er manchen Liebes-Kranken; die Liebe am Rhein, benetzt er mit Wein. Und der Prediger fährt fort: Angenehmste Zuhörer, da ich dieses rede, so muß ich selbst gestehen, daß ich dieses in meiner eigenen unwürdigen Person selbst erfahren. Denn wenn mit diesem angenehmen Bacchus-Holtz mein Hirn-Ofen so sehr angefeuert wird, so thut allsogleich dieser kleine Liebs-Vulcanus seine Liebes-Feßeln an mein Hertz anschmieden: Amor vincit omnia! –

Kurz, man war der Liebe gegenüber aufgeschlossen und, so weit es den männlichen Teil der privilegierten Schicht betraf, bereit, sie jederzeit zu genießen.

Bei Kurfürst Karl Theodor scheint diese Komponente des Leichtsinns zunächst nicht bestimmend gewesen zu sein. Es ist bereits erwähnt worden, daß seine Gemahlin, Kurfürstin Elisabeth Auguste, nach einer auch für sie lebensbedrohenden Entbindung von einem toten Prinzen, auf Anraten ihrer Ärzte sich vom Eheleben zurückgezogen hatte. Es ist einem alten Biographen des Kurfürsten Karl Theodor als glaubhaft abzunehmen, daß es dem Kurfürsten in seiner vollen körperlichen Kraft, bei einem Alter von 37 Jahren unmöglich war, Enthaltsamkeit zu üben. Es bedarf nicht des rührenden Hinweises, daß der weise Fürst und der wahrhaft gute Christ gleich einem Salomon der menschlichen Schwachheit unterlag, was bedeutete, daß er sich eine Mätresse zueignete.

a) Eleonore (Franziska) Huber, die schöne Bäckerstochter

Es ist zu vermuten, daß Karl Theodor schon vor dem Rückzug seiner Gemahlin aus dem Eheleben, Umgang mit einer Mätresse hatte. Diese war Fräulein Eleonore (in anderen Quellen auch Franziska) Huber.

Von ihren biographischen Daten wissen wir nur wenig. Ihre Gestalt bleibt weitgehend im Dunkeln.

Im Jahre 1758 wird sie als erste Tänzerin, also als Primaballerina im Hofballett genannt. Ihre Kunst muß beträchtlich gewesen sein. Es ist uns eine Opernaufführung vom 4. November 1758, d.h. also am Namenstag des Kurfürsten überliefert. Die Oper trug den Titel „Nitteti". Die Musik wurde von Ignaz Holzbauer, nach einem Libretto von dem aus Rom stammenden Wiener Hofdichter Pietro Metastasio komponiert. Diese Oper war sicher, wie es damals üblich war und wie es gegenwärtig ins Gegenteil verkehrt ist, mit großer Pracht ausgestattet. Es wurde erwartet, daß die Zwischenakte mit Ballettaufführungen überbrückt wurden, wobei diese Aufführungen in keinem Zusammenhang mit dem Inhalt der aufgeführten Oper stehen mußten. Diese Ballette entwickelten sich allmählich zu mehraktigen Pantomimen, die gleichfalls von großem Aufwand und Personenzahl gekennzeichnet waren und die zusätzlich zu der aufgeführten Oper gegeben wurden. Dies war auch bei der von uns genannten Oper „Nitteti" der Fall, bei der man nicht nur ein Ballett sondern zwei Ballette aufführte. Das erste war betitelt „Tamangul", das zweite Ballett war betitelt mit „Ulysses" (Odysseus). Im zuerst genannten Ballett handelt es sich um den Raub indischer Frauen durch den Khan Tamangul und seine Tartaren. Die Tartaren müssen mit ihren eigenen Frauen kämpfen und gleichzeitig haben sie die beraubten Inder am Hals. Diese werden aber von den Tartaren besiegt. Sie erweisen sich als großmütige Sieger und geben die geraubten indischen Frauen zurück.

Die Titelrollen tanzte in beiden Balletten der spätere Ballettmeister Bouqueton, Eleonore Huber tanzte die weibliche Hauptrolle in Tamangul, während sie in Ulysses die Rolle der ersten der Nymphen der Circe tanzte.

Da sie als erste Tänzerin auf der Bühne stand, muß sie von reizvoller Gestalt, graziösen Bewegungen und schönem Antlitz gewesen sein.

Es ist nicht bekannt, aus welchen Gründen die Beziehung zu Karl Theodor endigte. Es wird darüber spekuliert, daß sie eine Tochter zur Welt brachte und aus diesem Grunde das Theater verlassen hatte. Irrtümlicherweise wird dieser Tochter der Titel einer Gräfin von Parckstein, ihrer Mutter der einer Gräfin von Berckstein zugeordnet.

Die uns als erste bekannte Mätresse Karl Theodors, Eleonore Huber, war, wie immer wieder betont wird, die Tochter eines Mannheimer Bäckers. Es ist ein ironischer Zufall, daß der einzige legitimierte Sohn Karl Theodors aus einer anderen außerehelichen Beziehung als Fürst von Bretzenheim eine Brezel in seinem Wappen trug.

b) Die französische Schauspielerin Françoise Desprès-Verneuil

Während die Gestalt der Eleonore Huber ein Mantel von fast absoluter Diskretion umgibt, vielleicht aus Mangel an größerer Erfahrung im Umgang mit einer Mätresse am Hofe, vielleicht auch aus Gründen des Respekts vor der Kurfürstin und der Scheu vor Auseinandersetzungen mit ihr, haben wir von Françoise Desprès-Verneuil etwas mehr Informationen. Zwar konnten auch hier keine biographischen Daten gewonnen werden, doch können wir von der gesicherten Annahme ausgehen, daß sie etwa Ende Januar/Anfang Februar 1765 in ihrer französischen Heimat gestorben ist. Gehen wir davon aus, daß sie etwa um die 25 Jahre alt gewesen sein kann, so dürfte sie um 1740 in Frankreich geboren worden sein.

Über Mätressen wurden kaum offizielle Unterlagen geführt. Das meiste, was wir über sie erfahren, ergibt sich aus der diplomatischen Korrespondenz der bei Hofe akkreditierten Gesandten. Diese griffen solche Affairen begierig auf, einmal um Ansatzpunkte von Einflußmöglichkeiten sowie Verwicklungen und Verstimmungen im jeweiligen dynastischen Hause aufzuzeigen, zum anderen aber auch, um ihre Dienstherren zu unterhalten. Kurfürst Karl Theodor bekannte sich öffentlich zu seiner Mätresse. Es war daher den Diplomaten ein leichtes, dieses Verhältnis zu beobachten. Der bereits erwähnte Graf Andreas von Riaucour, der seit dem Jahre 1748 dreißig Jahre als kursächsischer Geschäftsträger in Mannheim weilte, hat uns in seinen nach

Dresden übermittelten Briefen einiges auch über Françoise Desprès-Verneuil berichtet. Bereits Anfang des Jahres 1758 erwähnt er die Auseinandersetzungen des Kurfürsten mit seiner Gemahlin wegen deren Begünstigung des Freiherrn von Rodenhausen, was ihn dann nicht mehr bekümmerte, als er Neigung für eine Schauspielerin, vermutlich für Françoise Desprès-Verneuil, faßte.

Diese Schauspielerin muß er sehr geliebt haben. Es wird berichtet, daß Karl Theodor bezüglich ihres Umganges sehr eifersüchtig war. So hat er einen Schauspieler, der es gewagt hatte, seiner Mätresse einen Heiratsantrag zu machen, mit welchem die Dame seines Herzens einverstanden zu sein schien, in einem Schloß einsperren lassen. Françoise Desprès-Verneuil genoß, obgleich sie als Mätresse des Souveräns galt, einiges Ansehen. Das wachsende Engagement des Kurfürsten an dieser Schauspielerin beeindruckte die Öffentlichkeit, welche um die schwache Veranlagung des Fürsten in dieser Hinsicht Bescheid wußte. Im Hinblick darauf deutete die Frau Kurfürstin eine neue Verbindung mit dem General Harscamp an.

Françoise Desprès-Verneuil war aber nicht nur schön und reizvoll, sie zeigte auch Mut, Energie und Entschlossenheit, wenn sie Unrecht an einem anderen Menschen sah. Sie sprach den Kurfürst wegen des eingesperrten Schaupielers an und ließ ihn wissen, daß sie keinerlei Gefallen an dem Fürsten finden werde, wenn er diesen Schauspieler nicht frei ließe.

Der Kurfürst wollte ihrer Forderung ausweichen, aber Françoise beharrte auf ihrer Forderung und erlangte schließlich die Freilassung des Schauspielers. Ja noch mehr, darüber hinaus wurde dem Schauspieler nicht nur freigestellt, in sein Heimatland zurückzukehren, vielmehr bezahlte ihm der Kurfürst auch die Reisekosten. Dies alles trug sich im Jahre 1760 zu.

Im August 1764 wurde Françoise Desprès-Verneuil in Schwetzingen von einem Knaben entbunden. Was dem Kurfürsten zu großer Herzensfreude geriet, war für die

Bildnis einer Dame, der franz. Schauspielerin Françoise Després-Verneuil, Freifräulein v. Parckstein zugeschrieben, Johann Wilhelm Hoffnas, 1764, Bayerische Staatsgemäldesammlungen München, bis zum 2. Weltkrieg in der Staatsgemäldesammlung Speyer

Kurfürstin ein äußerst schmerzhaftes Ereignis. Der gemeinsame Sohn des Kurfürsten mit Françoise hat das Erwachsenenalter nicht erreicht.

Bereits zwei Jahre zuvor, Anfang 1762, hat Françoise Desprès-Verneuil dem Kurfürsten eine Tochter geboren, die den Namen Karolina Franziska Dorothea Josepha erhielt.

Mit Patent vom 22. März 1762 erhob der Kurfürst Françoise unter der Verleihung des Namens von Parckstein in den Adelsstand.

Parckstein ist ein Ort in der Oberpfalz, dessen Herrschaft dem Kurfürsten als böhmisches Lehen des Kaisers verliehen war. In der Verleihungsurkunde wird betont, daß der Adel erblich ist und der geadelten Dame in Ansehung ihrer vorzüglichen Verdienste und adeligen Sitten verliehen wurde. Verbunden mit der Verleihung des Adelstitels war auch die Verleihung eines Wappens, und zwar eines vierfach in die Länge und Breite geteilten deutschen Schildes, in dessen erstem und viertem silbernen Feld ein aufrecht stehender blauer Löwe, in dem zweiten und dritten roten Feld aber ein auf einem dreieckigen grünen Stein stehendes schwarzes Wildschwein gezeigt wurde.

Im gleichen Jahr mit Urkunde vom 27. August 1762 legitimierte der Kurfürst öffentlich die ihm von Françoise geborene Tochter Karolina Franziska Dorothea Josepha von Parckstein.

Diese Tochter Karolina von Parckstein heiratete mit knapp 14 Jahren im Jahre 1776 den kurpfälzischen General Friedrich Wilhelm Fürst von Isenburg-Birstein. Um den Bestimmungen über die Ebenbürtigkeit des fürstlichen Hausgesetzes zu genügen, erwirkte Kurfürst Karl Theodor Ende 1776 beim Kaiser die Erhebung seiner Tochter Karolina von Parckstein zur Reichsgräfin von Bergstein. Das Adelsdiplom wurde auf den 16. Januar 1776 zurückdatiert. Die Änderung des Namens von Parckstein in Bergstein erfolgte wegen des Lehensstatus der Herrschaft Parckstein als böhmisches Lehen des Kaisers. Der Kaiser wollte diesen

Rechtszustand nicht verwässert wissen. Ungeachtet dessen führte Karolina auch als Gräfin den Namen von Parckstein. Es war ihr auch gestattet worden, das bisherige parcksteinische Wappen, abgesehen von den notwendigen Änderungen im Hinblick auf den Grafenstand, weiterzuführen.

Die Standeserhebung hat den Kurfürsten die riesige Summe von rd. 7250 Gulden gekostet. Das Ausstellen von Adelsdiplomen hat im 18. Jahrhundert flutartigen Charakter angenommen. Diese Adelsdiplome waren in der Abenddämmerung des römisch-deutschen Reiches zu einer willkommenen Einnahmequelle geworden.

Kurfürst Karl Theodor und Françoise von Parckstein war kein langes Glück beschieden. Im Herbst 1764 wurde allgemein beobachtet, daß der Kurfürst seit einiger Zeit von großem Ernst gekennzeichnet war und daß er abgeschieden speiste, ja daß ihn Schwermut befallen hatte. Die Ursache dessen war, daß seine Mätresse Françoise von Parckstein ernstlich erkrankt war. Trotz ihrer Erkrankung enthielt sie sich nicht, auszugehen und den Kurfürsten zu besuchen. Man fürchtete aber ernstliche Folgen, denn Françoise von Parckstein war unheilbar an Schwindsucht erkrankt und konnte den Kurfürsten anstecken.

Mitte Februar 1765 wird berichtet, daß Françoise nach Frankreich zurückgekehrt war, um dort Heilung zu finden, aber dort etwa Ende Januar/Anfang Februar 1765 verstorben war. Der Kurfürst war darüber sehr untröstlich. Er schloß sich für mehrere Tage in sein Zimmer ein und vermied auch die Zerstreuung des Karnevals.

Wie auch heute, wurde eine diplomatische Krankheit vorgeschützt. Es hieß, der Kurfürst leide an Zahnschmerzen, begleitet von einer Backenentzündung.

Nach der Abreise von Françoise von Parckstein konnte es nicht ausbleiben, daß die Gerüchteküche dem Kurfürsten die Anknüpfung einer bereits neuen Beziehung unterstellte.

Kurfürst Karl Theodor gehörte wohl zu jenen Männern, die keine Beziehung zu einer Frau auf reiner Sinnlichkeit aufbauen können. Zu der Frau, die er liebte, mußte er einen besonderen persönlichen Bezug haben. Schönheit und Gestalt sowie erotische Ausstrahlung allein genügten nicht. Vielleicht mag dies der Ausgangspunkt einer Beziehung gewesen sein. Doch wuchs daraus eine sehr intime persönliche Bindung. Diese veranlaßte ihn, sodann alle Möglichkeiten zugunsten der von ihm geliebten Frau auszuschöpfen, soweit dynastische Hindernisse nicht im Wege standen. Dies beweist gerade die Standeserhebung von Françoise Després-Verneuil und ihres gemeinsamen Kindes. Er schätzte an der von ihm geliebten Frau Wärme, Charme und Sanftmut. So ist die Bezeichnung Mätresse, die im heutigen Sprachgebrauch etwas Abwertendes enthält, auch hier in seiner ursprünglichen Bedeutung zu verstehen, nämlich als Herrin und Geliebte. Herrin ist aber nicht in dem Sinne zu verstehen, daß seine von ihm geliebte Frau politischen Ehrgeiz zeigte. Denn, wie bereits gesagt, schätzte er besonders die sanftmütige Frau.

Die Liebe zu Françoise von Parckstein hielt auch über ihren Tod hinaus an. Dies zeigt ein Bericht von Johann Christian von Mannlich, dem pfalz-zweibrückischen Hofmaler und Hofarchitekten, dem späteren ersten Generaldirektor der bayerischen Galerien, in seinen Lebenserinnerungen. Johann Christian von Mannlich hat die verstorbene Schauspielerin gekannt. Er berichtet, daß eines Tages, als er noch als ganz junger Mann am Hofe zu Mannheim weilte, der Kurfürst erschien und ihn bat, aus der Erinnerung ein Portrait von der verstorbenen Françoise Després-Verneuil zu malen. Er legte ihm eine ganze Reihe von Miniaturen sowie ein Bildnis vor, aus welchem Mannlich die zutreffenden Züge entnehmen konnte. Bei den vorhandenen Bildnissen bemängelte der Kurfürst, daß wohl einige Züge richtig erfaßt seien, aber der Gesamteindruck verfehlt worden sei. Insbesondere treten ihre Sanftmut und ihre schöne Seele bei keinem der Bildnisse in Erscheinung. Ein großes Gemälde, von dem wir nicht wissen, von wem es stammte, komme ihr zwar nahe. Aber es sei ohne Wärme. Ihr Mund

und ihr bezauberndes Lächeln seien gar nicht getroffen. Der Kurfürst gebot Johann Christian von Mannlich absolute Diskretion und befahl ihm, sich in sein Zimmer einzuschließen. Er werde mit einem Nachschlüssel die Tür öffnen, wenn er ihn besuchen wolle. Der Kurfürst hat Mannlich häufig während der Entstehungszeit des Bildes besucht. Wie tief ihn der Verlust dieser Frau getroffen hat, geht daraus hervor, daß er oft lange versunken vor dem entstehenden Portrait verweilte. Mannlich ist es gelungen, die Verstorbene in den Augen des Kurfürsten wieder in die Gegenwart zurückzubannen. Das Bildnis bewegte den Kurfürsten sehr tief. Mannlich bemerkt, daß er dadurch eine höhere Meinung von diesem ausgezeichneten Fürsten bekommen habe. Ein Mann, der über Jahresfrist nach dem Tode seiner Geliebten beim Anblick ihrer Portraitskizze von Rührung ergriffen werde, wisse sicherlich zu lieben. Und wer immer von Natur aus mit dieser Gabe ausgestattet sei, dürfte weder böse noch undankbar sein. Bei den Fürsten und Großen der Erde, die nur die Übersättigung in ihren leicht errungenen Liebschaften zu fürchten hätten, sei dieses Beispiel vielleicht eine seltene Erscheinung.

Es ist bisher nicht bekannt, wo dieses Portrait, das die verstorbene Françoise von Parckstein vermutlich als südfranzösische Schönheit mit dunklem Teint zeigt, geblieben ist. Nach Mitteilung der bayerischen Staatsgemäldesammlung ist es nicht in deren Bestand vorhanden.

c) *Josepha Seyffert, Gräfin von Heydeck, Mutter des Fürsten Carl August von Bretzenheim*

Josepha Seyffert wurde im September 1748 mit einer an Sicherheit grenzenden Wahrscheinlichkeit in Mannheim als Tochter des Sekretärs und Kanzlisten (Kanzleirat) im kurpfälzischen Regierungsdikasterium (Finanzverwaltung) und dessen Ehefrau Maria Franziska geb. Reichard geboren. Sie starb am 27. Dezember 1771 im Alter von 23 Jahren als Gräfin von Heydeck in Mannheim. Mit 17 Jahren war sie als Figurantin des Opernballetts, d.h. als Statistin, die das Ballett zu verschönern hatte, in das Blickfeld des Kurfürsten gerückt. In diesem Jahre 1765, also kurze Zeit nach dem Tode der von ihm so sehr geliebten Françoise von Parckstein erwählte er sie zu seiner Mätresse.

Die Schönheit eines Mädchens, sofern sie eine gute Erziehung im Sinne von Etikette genossen hatte, konnte bei den damaligen Berufsmöglichkeiten für Mädchen, die nicht der privilegierten Adelsschicht angehörten, allenfalls auf der Theaterbühne zur Entfaltung und Geltung kommen. Hatte sie weder eine besondere Stimme noch eine abgeschlossene Berufsausbildung, so konnte sie doch immerhin als Figurantin ihren Dienst versehen.

Die Voraussetzungen, die eine Frau mit sich bringen mußte, um die Aufmerksamkeit Karl Theodors auf sich zu ziehen, muß auch sie besessen haben. Klugheit, Anmut und Sanftmut waren auch bei ihr das bestimmende Element. Dies zeigen uns auch die beiden Bildnisse im kurpfälzischen Museum in Heidelberg, von den Malern Johann Peter Hoffmeister und Johann Wilhelm Hofnas. Infolge der Haartracht der damaligen Zeit wirkt sie auf diesen Bildnissen älter als sie ist. Das Bildnis von Hofnas zeigt sie am Cembalo mit Notenblättern in der Hand, so daß daraus gefolgert werden kann, daß Josepha Seyffert auch eine musikalische Ausbildung erfahren hat.

Der Zeitraum von sieben Jahren, der dem Paar geschenkt war, konnte diese Beziehung zu einer großen Liebe erstarken lassen. Schon im zweiten Jahre, also am 19. 3. 1767 verlieh der Kurfürst Josepha das persönliche Adelsprädikat einer Baronin von Heydeck nach der pfalz-neuburgischen Stadt Heideck im Landkreis Hilpoltstein. Am 27. Januar 1768 gebar sie dem Kurfürsten eine Tochter Carolina Josepha Philippina, die Karl Theodor sofort legitimierte. Am 3. 9. 1779 verlieh er Mutter und Tochter den kurpfälzischen Grafentitel von Heydeck. Zusammen mit dem Grafentitel wurde auch ein Wappen verliehen. Es war geviert. Im er-

Josepha Seyffert, Gräfin von Heydeck, v. Johann Peter Hoffmeister, 1770, Kurpfälzisches Museum Heidelberg

sten und vierten Feld war auf blauem Grund ein gekrönter goldener Löwe zu sehen. Das zweite und dritte Feld war jeweils quergeteilt durch einen silbernen Balken in ein rotes und ein blaues Feld. Das Wappen war gekrönt durch eine Grafenkrone und zwei silberne Straußen als Schildhalter. Das zweite und dritte Feld enthielt das Wappen der alten ausgestorbenen Familie von Heydeck.

Außer sich vor Freude war Karl Theodor, als Josepha ihm am 24. 10. 1769 einen Sohn gebar, der den Namen Karl August Friedrich Joseph erhielt und am Tag darauf als Graf von Heydeck von Karl Theodor legitimiert wurde. Karl August war der Liebling des Kurfürsten. Für ihn schlug er allerlei Kapriolen in der Politik, um ihn und seine Geschwister zu versorgen. Am 9. Dezember 1771 gebar Josepha dem Kurfürst die Zwillingsschwestern Eleonore Caroline Josephine und Friederike Caroline Josephine. An den Folgen der Geburt dieser beiden Kinder ist Josepha Seyffert gestorben.

Karl August und seine Geschwister wurden am 7. August 1774 von Kaiser Joseph II. in den Reichsgrafenstand weiterhin unter dem Namen von Heydeck erhoben. Am 28. April 1772 kaufte Karl Theodor für 125 000 Gulden die Herrschaft Bretzenheim an der Nahe. Als dem nunmehrigen Reichsgrafen von Bretzenheim, der eine gestürzte (verkehrte) goldene Brezel in seinem Wappen führte, am 19. Dezember 1789 der Rang eines Reichsfürsten verliehen wurde, wurden er und seine Geschwister Fürsten und Fürstinnen von Bretzenheim genannt.

Es besteht kein Zweifel, daß Karl Theodor Josepha und ihre Kinder als seine eigentliche Familie betrachtete. Sein ganzes Trachten und Streben zielte auf die standesgemäße Versorgung seiner Kinder ab. Diesem Ziel ordnete er auch eine Reihe politischer Maßnahmen unter. Das Ziel einer standesgemäßen Versorgung seiner Kinder war eines der Motive des bereits erwähnten Versuches, Teile Bayerns an Österreich abzutreten.

Josepha Seyffert, Gräfin von Heydeck mit ihren Kindern aus der Verbindung mit dem Kurfürsten Karl Theodor v. d. Pfalz, Historienbild v. Carl Brandt, München, um 1785, Städt. Reiß-Museum Mannheim, Schenkung des Förderkreises für das Reiß-Museum e. V.

In Mannheim kaufte er für seine Familie ein Haus im Quadrat A 2. Dieses Haus wurde später einbezogen in das von Peter Anton von Verschaffelt errichtete Palais Bretzenheim, das heute noch einen wichtigen Akkord zum Mannheimer Schloß darstellt.

In jenem Hause hat Wolfgang Amadeus Mozart den Kindern der verstorbenen Josepha im November 1777 während seines Mannheimer Aufenthaltes Musikunterricht erteilt. Für den damals achtjährigen Grafen Karl August und seine neunjährige Schwester Caroline komponierte er Variationen und ein Rondo für Klavier. Nicht ganz uneigennützig, denn er hoffte, den Kurfürsten, dem er in diesem Hause auch begegnete, für seine Bestrebungen, eine Anstellung als Hofkapellmeister zu finden, günstig zu stimmen. Wie bekannt, hat sich diese Hoffnung Mozarts zerschlagen, da der Kurfürst Ende jenes Jahres auch Kurfürst von Bayern wurde und seine Residenz nach München verlegte. Ein Platz am pfalz-bayerischen Hofe fand sich für Mozart nicht. Die Bedeutung Mozarts wurde erst später von der bürgerlichen Welt erkannt. Die damaligen Höfe hatten zu wenig Abstand von dem musikalischen Geschehen, um den Rang eines Komponisten wie Mozart einzuschätzen, zumal der Mannheimer Hof eine hervorragende Hofmusik mit großen Persönlichkeiten aufzuweisen hatte. Im übrigen war ein Komponist Angehöriger des Lakaienstandes.

Karl Theodor wußte es sehr zu schätzen und zu honorieren, wenn der von ihm geliebten Frau die erforderliche Achtung entgegengebracht wurde. So wurde von dem späteren geheimen Kabinettsekretär des Kurfürsten Karl Theodor, Stephan Freiherr von Stengel, in seinen Memoiren berichtet, daß eines Tages der Wagen von Mademoiselle Seyffert, der Mätresse des Kurfürsten, vor dem Fenster des Freiherrn und späteren Grafen von Oberndorf gebrochen sei. Dieser säumte nicht, ihr gleich seinen Wagen und seine Pferde anzubieten, womit sie dann nach Schwetzingen gelangte. Karl Theodor wußte es zu würdigen, daß der damalige Hofrichter von Oberndorf sich der Gefahr der

Rache der Kurfürstin und der Verachtung in der öffentlichen Meinung aussetzte. Josepha Seyffert ließ es sich angelegen sein, sich Oberndorf gegenüber dankbar zu zeigen und damit anderen eine Lehre zu erteilen, auf welche Weise man ihre Gunst erwerben und sein Glück machen müßte. Die ritterliche Verhaltensweise des Freiherrn von Oberndorf hatte zur Folge, daß er später Obervormund der Kinder Josephas wurde. Nach dem Tode des Hofkanzlers avancierte er zum Minister. Nach dem Wegzug des Hofes nach München im Jahre 1778 wurde ihm die Statthalterschaft in der Pfalz übertragen. Es war natürlich dem Freiherrn von Oberndorf an dem Eindruck in der öffentlichen Meinung gelegen, daß er seine Beförderung nicht der Mätresse des Kurfürsten verdankte, vielmehr dem Vater Stephan von Stengels, nämlich Johann Georg von Stengel, dem damaligen Leiter des Kabinettsekretariates und Archivar des Kurfürsten. Schon der Großvater Stephan von Stengels, Franz Xaver von Stengel, war geheimer Staatsrat, Kanzleidirektor und Vizekanzler des Hubertusordens. Als die Besetzung der Stelle eines Kabinettsekretärs anstand, um den Vater zu entlasten, wandte man sich auch an den Freiherrn von Oberndorf, der mit der Unterstützung Stephan von Stengels demonstrieren wollte, daß er dem Vater dieses Bewerbers verpflichtet sei. Stephan von Stengel hatte nämlich einen Mitbewerber, einen sogenannten geheimen Sekretär namens Bäumen. Dieser machte sich berechtigte Hoffnung auf die Erlangung dieser Position, da er Gatte einer Tänzerin war, von der gesagt wurde, daß sie seit einiger Zeit die geheime Gunst des Kurfürsten genieße. Diese Tänzerin habe sich hoch und teuer vermessen, daß nur ihr Gemahl und sonst keiner den wichtigen Posten erhalten dürfe.

Wie dieser Sachverhalt zeigt, war Karl Theodor trotz seiner großen Liebe zu Josepha Seyffert auch anderweitigen Galanterien zugänglich.

Josepha Gräfin von Heydeck ist es vielleicht erspart geblieben, erleben zu müssen, in der Gunst der Liebe ihres fürstlichen Liebhabers auf Grund fortgeschrittenen Alters

Josepha Seyffert, Gräfin von Heydeck, v. Johann Wilhelm Hoffnas, 1770 (?), Kurpfälzisches Museum Heidelberg

zu sinken. Dennoch kann davon ausgegangen werden, daß ihr auch nach dem Rückzug des Fürsten eine Position in Achtung und Verehrung sicher gewesen wäre. Josepha Gräfin von Heydeck starb im Alter von 23 Jahren. In dem bombastischen Nachruf, der veröffentlicht wurde, werden besonders ihre Sanftmut, Bescheidenheit, ihre Hilfsbereitschaft gegenüber Armen und Notleidenden, ihre Aufrichtigkeit als ihre hervorragendsten Eigenschaften unterstrichen. Sie habe nie vergessen, woher sie komme. Sie zeigte ein, wie man damals sagte, mildes Betragen gegen Geringere.

Gräfin Josepha von Heydeck wurde in der Carmeliterkirche zu Mannheim in C 3, 1 beigesetzt.

Im Februar 1746 hatte Kurfürst Karl Theodor für 400 000 Gulden die Herrschaft Zwingenberg am Neckar mit Burg und acht Dörfern, sämtlichen Rechten und Gefällen von dem Freiherrn Göhler von Ravensburg gekauft.

Am 15. August 1778 belehnte Kurfürst Karl Theodor seinen Sohn Karl August mit Burg und Herrschaft Zwingenberg am Neckar. Dorthin ließ er im gleichen Jahr auch den Sarg der Gräfin Josepha von Heydeck bringen und in der dortigen Burgkapelle beisetzen.

Noch heute ist in der Burgkapelle der Epitaph in die talwärts gewandte Wandseite eingelassen. Er wurde von dem kurpfälzischen Hofbildhauer van den Branden aus grauem, schwarzen und weißen Marmor geschaffen. Den Epitaph krönt das oben beschriebene gräfliche Wappen. Die Inschrift ist in lateinischer Sprache gehalten und besagt: Hier ruht der Grafschaft Heydeck exzellente Mutter Josepha, welche im Alter von 23 Jahren, nachdem sie einen Grafen und drei Gräfinnen geboren hat, von der Welt zu den himmlischen Freuden genommen wurde am 27. Tag des Dezembers 1771.

Grabmal von Josepha Seyffert, Gräfin von Heydeck in der Schloßkapelle von Burg und Schloß Zwingenberg a. Neckar, Foto v. Verfasser, 1989, mit freundl. Genehmigung S. G. H. Ludwig Prinz von Baden

d) *Zwischenspiele – Augusta Wendling – Josepha Freifräulein von Leutrum, Hofdame der Kurfürstin Elisabeth Auguste*

Obgleich sich Kurfürst Karl Theodor zu seinen illegitimen Kindern bekannte und auch zu deren Müttern, so war er dennoch auf äußerste Diskretion bedacht und trachtete danach, alles zu vermeiden, was seine Gemahlin Elisabeth Auguste in der Öffentlichkeit noch mehr kompromittieren konnte.

Diese hatte Kummer genug, Josepha Gräfin von Heydeck täglich mit ihrem Kind unter ihrem Fenster vorbei promenieren zu sehen. Sie sah auch das Kind der verstorbenen Françoise von Parckstein vorbei promenieren. Nicht minderen Gram bereitete ihr auch die Tatsache, daß Josepha Gräfin von Heydeck vis à vis vom Schloß wohnte.

Sein Bestreben nach Diskretion ließ es nicht zu, daß eine der Mätressen die Rolle einer Lady Milford spielen konnte. Desgleichen hätte auch den Kurfürsten eine aufwendige und auffällige Lebensführung seiner Mätressen abgestoßen. Wie bereits erwähnt, schätzte er daher Sanftmut, Bescheidenheit und diskretes Verhalten, wie sie die Damen seines Herzens bewiesen haben.

Die Trauer des Kurfürsten beim Tode der Gräfin Josepha von Heydeck war groß. Er erschien nicht mehr in der Öffentlichkeit, er wurde auch hier von großer Schwermut befallen. Seine Schwägerin, die bereits geschilderte Herzogin Maria Anna Josepha, Gemahlin des Herzogs Clemens von Bayern, weilte zufällig in Mannheim und versuchte ihn zu zerstreuen. Natürlich konnte es auch hierbei nicht ausbleiben, daß die einschlägigen Personen bei Hofe sich darauf vorbereiteten, ihm eine neue Mätresse zuzuführen. Es gab einige Damen, die in Betracht kamen, aber Karl Theodor war zu dieser Zeit nicht ansprechbar.

Es dauerte aber nicht lange, bis sich der Kurfürst für eine neue Mätresse entschied und zwar bereits im Mai 1772. Es war Augusta Wendling, die Tochter der berühmten Sängerin Dorothea Wendling, geborene Spurni, die nicht viel älter war als Josepha Seyffert gewählt wurde, nämlich 16 Jahre alt. Von Mozart wurde sie in seinen Briefen die Gustl genannt. Ihr Vater war der nicht minder berühmte Flötist Johann Baptist Wendling. Augusta wurde im Jahre 1752 in Mannheim geboren und starb 1794 vermutlich in München. Sie hatte einen Bruder namens Karl Theodor (1753–1834), der auch nach dem Wegzug des Hofes im neuen Mannheimer Orchester als Hofmusiker tätig war. Augusta Wendling wird uns als Mädchen und Sängerin geschildert, die eine sehr große Schönheit mit den Annehmlichkeiten der Jugend und einem kultivierten Geist, der sich sicherlich noch mit dem Alter entwickeln würde, verband. Der Dichter Wieland vergleicht sie mit einer Madonna des Raffael oder Dolci, in einem Brief von Heinc wird sie als eine völlige, hundertblättrige Rose geschildert. Ein anderer, Schubart nämlich, betont die natürliche Kälte ihres Charakters.

In der diplomatischen Korrespondenz jener Zeit wird berichtet, daß die Mutter diese junge Person ihrem Ehrgeiz geopfert habe. Diese Mutter sei von schlechtem Charakter, hochmütig und wenig skrupulant in der Wahl ihrer Mittel, die sie einsetze, um in diesem Projekt, also der Verbindung ihrer Tochter mit dem Kurfürsten, Erfolg zu haben. Es stehe außer Zweifel, daß sie sich in die Staatsgeschäfte mischen würde, wenn man sie gewähren lasse, und daß sie einen bestimmten Aufstieg erreichen könne durch den Einfluß ihrer Tochter auf Herz und Sinn des Souveräns. Es versteht sich, daß es angesichts dieses Sachverhaltes in der Gerüchteküche brodelte. Es wurde kolportiert, daß Karl Theodor dieses junge Mädchen auf raffinierte Art an sich gelockt und vergewaltigt habe. Andererseits wurde auch zugunsten der Familie gesagt, daß die Gustl rechtzeitig vor dieser Verführung vorsorglich in ein Kloster gebracht worden sei. Vermutlich wird es so gewesen sein, daß dem natürlichen Widerstreben dieses jungen Mädchens gegenüber einer schon altersmäßig unnatürlichen Verbindung (Karl Theodor war damals bereits 48 Jahre alt) die lockende Aussicht auf Standesehren und Wohlstand gegenüber gestellt wurde.

Es kann nicht bezweifelt werden, daß Augusta Wendling das Instrument des Ehrgeizes ihrer Mutter war. Diese 1724 in Stuttgart geborene Tochter eines Waldhornisten in der Hofkapelle des Herzogs Karl Eugen, war nicht nur wegen ihrer Schönheit, sondern auch wegen ihrer brillanten Stimme und Gesangskunst eine der bestbezahlten Primadonnen an der Mannheimer Hofoper. Sie hat auch einen ausgezeichneten sängerischen Nachwuchs ausgebildet. Es versteht sich, daß die mit zunehmendem Alter abnehmende Attraktivität als Sängerin bei einer Frau, die so im Rampenlicht gestanden hat, wie Dorothea Wendling, den Wunsch nach Kompensation dieses Attraktivitätsschwundes wachsen ließ. Was konnte da gelegener kommen, als die Tochter als Mätresse des Kurfürsten zu sehen!

Man fürchtete bei Dorotheas Intrigenspielen, daß der Kurfürst zunehmend in die Abhängigkeit von dieser Dame geraten könnte. Besonders betroffen war die Kurfürstin, welche Dorothea Wendling und ihrer Tochter mit besonderer Güte begegnet war. Elisabeth Auguste zog sich nach Oggersheim zurück. Der Kurfürst verweigerte ihr nicht den ihr gebotenen Respekt. Dennoch schmerzte dieser ganze Vorgang die Kurfürstin, wie schon die vorangegangenen. Diesen Kummer verbarg sie nicht vor ihren Vertrauten.

Seine neue Mätresse führte einen immer bedenklicheren Lebenswandel. Sie brachte den Kurfürsten in äußerste Verlegenheiten. Damit unterschied sie sich sehr wohl von ihren Vorgängerinnen; offensichtlich war ihre Erziehung doch nicht so gut, wie man es voraussetzte. Diese sei von Erbärmlichkeit und Niedrigkeit, wie berichtet wird, gekennzeichnet gewesen. Augusta Wendling neigte zu großen Ausgaben, was der Kurfürst gar nicht liebte. Die Mutter indes hielt großen Hof und mißfällige Reden. Kurfürst Karl Theodor, der solches Aufsehen nicht liebte, sandte ihr kurz entschlossen ihre Tochter und ein Geldgeschenk. Er gab der Mutter zu verstehen, daß er die Tochter nicht mehr sehen wolle und daß sie ihm die Freiheit der Entscheidung überlassen müsse, welche Versorgung er für sie als angemessen entscheide. Viele Leute, die ihre Hoffnungen auf die neue Mätresse gegründet hatten, u.a. der Sohn des Kanzlers, welcher ihr Vertrauter war, fanden sich nunmehr in große Verlegenheit versetzt.

Alle Welt war entzückt, daß der Kurfürst sich nunmehr seiner neuen Mätresse entledigte, nicht zuletzt wegen deren Eltern, die sehr intrigant und schlimm gewesen sein sollen. Sie hätten bereits Pläne gefaßt, den Hof zu verändern und über die annehmbarsten Ämter disponiert. Sie hätten ihr zukünftiges Ansehen und ihre Größe in alle Welt hinausposaunt. Sogar der König von England war darüber informiert und fragte bei einem Grafen an, was es mit der Sache auf sich habe. Der König war froh, den Kurfürsten ebenso schockiert zu finden über ein so wenig einfühlsames Benehmen, wie er es war. Ihre verrückten Ausgaben, das extravagante Gehabe und die indiskreten Reden, die sie geführt hatten, in welche sich die Kurfürstin hineingezogen fand und über welche sie bittere Klage führte, bestimmten endlich den Kurfürsten, seine Mätresse zu verabschieden und ihr den Laufpaß zu geben.

Es wird berichtet, daß Augusta Wendling versucht habe, mit allen Mitteln die Gunst des Kurfürsten wieder zu gewinnen, aber ohne jeglichen Erfolg.

Sie und ihre Eltern haben Karl Theodor an seinem empfindlichsten Punkt getroffen, nämlich indiskret zu sein, und in Staats- und Hofgeschäfte hineinregieren zu wollen. Hierin aber verstand der Kurfürst keinen Spaß, nicht einmal seiner Gemahlin gegenüber. So war diese Affaire im Oktober 1772 beendet.

Es entzieht sich unserer Kenntnis, welche Damen die Gunst des Kurfürsten zu erfahren wußten. Den Rang einer Françoise Desprès-Verneuil und Josepha Seyffert hat in Mannheim keine mehr erlangt. Diese waren für den Kurfürsten zwei Glücksfälle. Nach den schlechten Erfahrungen mit Augusta Wendling und ihren Eltern hat er sich auch unter den adeligen

Damen des Hofes umgeschaut. Hierbei hat ihn aber das Gespür für Diskretion und erforderlichen Takt seiner offiziellen Gemahlin gegenüber im Stich gelassen, als er seine Vorliebe für eine Hofdame der Kurfürstin allzu offen und deutlich zeigte. Im Jahre 1773 war Josepha Freifräulein von Leutrum als Hofdame in den Hofstaat der Kurfürstin aufgenommen worden. Es scheint, daß sie die Neigung des Kurfürsten erwidert hat. Vielleicht mag in dieser Erwiderung gleichfalls eine Mischung von Neigung und Karrieredenken vorhanden gewesen sein. Die Kurfürstin war beleidigt und beschloß daher, diese junge Dame sofort vom Hofe entfernen zu lassen. Sie schrieb an die Tante Josephas von Leutrum, die Fürstin von Fürstenberg, und bat sie, diese zu sich zu holen. Aber sie hatte nicht mit dem Kurfürsten gerechnet, der sehr empfindlich auf dieses Vorgehen reagierte und Widerstand leistete, was seine Gemahlin sehr betrübte. Bei Hofe fürchtete man, daß diese Zwistigkeiten wahrscheinlich in einem ärgerlichen Eklat enden würden. Der Kurfürst gab nach einiger Zeit bekannt, daß er Herr über seine Angelegenheiten sei und daß er es überdrüssig sei, Widersprüche und schlechtes Benehmen in allen Angelegenheiten, die der Frau Kurfürstin mißfielen, ertragen zu müssen. Die Kurfürstin ließ ihrem Gemahl durch ihre Obersthofmeisterin bezüglich des Fräuleins von Leutrum mitteilen, daß sie diese mit Aufsehen wegen deren schlechter Führung zurücksenden wolle, daß der Kurfürst sie heftig beleidigt habe, nicht so sehr dadurch, daß er an dieser Person engagiert sei, sondern weil ein gleicher Skandal für ihn nicht weniger beleidigend sei. Wenn er ihr aber entsprechen wolle, wolle sie sich nach seinen Absichten richten. Sie werde auch seine Entscheidungen anerkennen. Die Kurfürstin erhielt noch Unterstützung durch den Fürstbischof von Speyer, der im April 1774 dem Mannheimer Hof einen Besuch abstattete und noch am Abend des selben Tages in seine Jagderemitage nach Waghäusel zurückkehrte. Dem Bischof muß es gelungen sein, Karl Theodor davon zu überzeugen, daß das auffällige Benehmen des Freifräuleins von Leutrum keine andere Möglichkeit offen ließ, als sie mit einer Pension versehen nach Hause zurückzuschicken.

Karl Theodor hatte aber nicht mit der Energie und dem Behauptungswillen dieser jungen Dame gerechnet. Als man ihr eröffnete, daß sie nach Tübingen zu ihrer Tante, der Fürstin von Fürstenberg, gebracht werden sollte, zeigte sie sich zum Widerstand entschlossen. Alles Zureden, auch das ihrer Eltern, sich die Gunst des Kurfürsten nicht zu verscherzen, fruchtete nichts. Die Aussicht, sie ohne großes Aufsehen vom Hofe zu entfernen, löste sich in Nebel auf. So sah sich Karl Theodor gezwungen, sie gewaltsam aus dem Mannheimer Schloß zu bringen. Um das Aufsehen möglichst gering zu halten, sollte sie bei Nacht in eine Kutsche verfrachtet und außer Landes gebracht werden. Die Hofmeisterin, Freifrau von Beveren, hatte den Auftrag, ihr die sofortige Abreise in einer Aprilnacht anzukündigen. Aber Josepha von Leutrum hatte sich in ihrem Zimmer verbarrikadiert, und alle Mittel der Überredungskunst nutzten nichts, sie aus ihrem Zimmer hervorzulocken. Man berichtete dem Kurfürsten. Dieser gab schließlich Befehl, die Tür gewaltsam aufzubrechen. Als dies geschah, wehrte sich die junge Dame mit Händen und Füßen, sie schleuderte dem mit der Durchführung des Befehls betrauten Offizier einen Schlüsselbund an den Kopf und einem der Kammerdiener eine Fackel ins Gesicht. Als man sie packte, stieß sie schrille Schreie aus. Während all diesem, hatte sie sich zwischen ihr Gepäck eingezwängt. Aber als sie ihr Zimmer keinesfalls verlassen wollte, packten sie die Kammerdiener und hoben sie heraus. Sie wurden von ihr auf das heftigste beschimpft. Die Kammerdiener transportierten Josepha zu einem Wagen, der am Ende der Treppe wartete und in den man sie mit ihrer Kammerfrau setzte. Sie wurde von dem Offizier und seinem Sohn sowie von zwei Lakaien begleitet und zunächst zu einer Tante, die in der Nachbarschaft von Tübingen wohnte, gebracht. Unterwegs hatte das Freifräulein von Leutrum in Bruchsal eine Begegnung mit dem speyerischen Fürstbischof, die sehr aufsehenerregend verlief. Dieser mußte sich eine Reihe von Klagen und Beschwerden über die Kurfürstin anhören, die sie ohne Vorwissen des Kurfürsten von diesem hinweggerissen habe. Der Fürstbischof, der schließlich nicht unbeteiligt war an der Entfernung Josephas von Leutrum, ließ sie wissen, daß er sich in diese Angelegenheiten nicht einmischen wolle und daß sie sich schließlich in ihr Schicksal fügen solle.

Damit war die Angelegenheit aber noch keineswegs zu Ende. Der Kurfürst hat die junge Dame offensichtlich ohne ein Geschenk oder eine Zukunftssicherung entlassen, und er hat die Entschlossenheit dieser jungen Dame offensichtlich unterschätzt.

Im Juni des Jahres 1774 weilte Kurfürst Karl Theodor zu Besuch in München bei seinem Amtskollegen, dem bayerischen Kurfürsten Max Joseph, den er am Silvestertag des Jahres 1777 beerben sollte.

Dies hat auch Josepha von Leutrum erfahren. Sie ritt als Mann verkleidet, äußerst geschickt zu Pferde, nach München und wollte unbedingt Karl Theodor sprechen. Der bayerische Kurfürst wollte ein Aufsehen vermeiden und ließ ihr sagen, daß sie sich ruhig verhalten und nicht mehr bei Hofe erscheinen solle. Aber entschlossen, wie Josepha von Leutrum war, fürchtete man, daß sie irgendwie den pfälzischen Kurfürsten überfallen werde, der die Gewohnheit hatte, allein in dem ausgedehnten Schloßgarten spazieren zu gehen. Man konnte diesen Garten von allen Seiten betreten. So kam es nach einiger Zeit auch zu einer sehr unangenehmen Begegnung mit Josepha von Leutrum. Um sich aus der Affaire zu ziehen, war der Kurfürst genötigt, alles anzuhören, was sie ihm sagen wollte, und sich mit ihren Vorschlägen einverstanden zu erklären. Er könne sich mit ihr verständigen, indem er ihr eine Pension zugestehe, mit der sie einverstanden sein könne, und er würde sie durch alle Arten der Hochachtung ins Recht setzen unter der Voraussetzung, daß sie sich, was seine Person betreffe, gut benehmen werde.

Eine endgültige Zusage auf eine Pension hatte das Fräulein von Leutrum dadurch noch nicht. Sie ließ sich aber durch den Mißerfolg ihres Versuches, den sie in Bayern unternommen hatte, nicht abschrecken. Sie begab sich nach Speyer. Nachdem sie alle Mittel in Bewegung gesetzt hatte, willigte der Kurfürst schließlich in ein Arrangement ein und bewilligte ihr die gewöhnliche Pension einer Hofdame sowie 300 Carolins, um ihre Schulden bezahlen zu können, unter der Bedingung, daß sie ruhig bleiben und den Kurfürst künftig verschonen würde.

Damit war auch diese Affaire im Juli 1774 zu Ende. Der Kurfürst mußte erfahren, was viele Männer seines Alters erfahren müssen, nämlich, daß junge Liebe in diesem Alter ihren Preis hat. Andererseits zeigt es auch, daß eine junge Frau in jener Zeit ihr Schicksal in die Hand nehmen konnte, sofern sie Mut und Entschlossenheit zeigte, dem Souverän ohne Schüchternheit entgegenzutreten. Sicher wird auch viel Sympathie von seiten des Kurfürsten Karl Theodor der jungen Dame gegenüber mitgeschwungen haben. Denn kaum ein anderer hätte sich ein solches Verhalten dem absoluten Monarchen gegenüber erlauben können, ohne Verbannung oder gar Kerker riskieren zu müssen. Karl Theodor mag soviel Entschlossenheit und Ungeniertheit irgendwie doch berührt haben, Eigenschaften, die er sonst an jungen Damen nicht schätzte. Vielleicht schrieb er es auch ihrer adligen Herkunft zu, daß er daran keinen großen Anstoß nahm.

Mit Rechtsansprüchen konnten jedenfalls in jener Zeit Interessen kaum durchgesetzt werden. Jeder, der sein Glück machen wollte, war auf seine Person verwiesen.

e) Die Kinder der Mätressen und ihre Schicksale

Ob das Kind von Eleonore Huber ein Kind des Kurfürsten Karl Theodor war, ist ungewiß. Vielleicht ist auch davon auszugehen, daß Eleonore Huber nur deshalb ein Kind zugeschrieben wurde, weil man glaubte, daß sie die Mutter von Caroline Gräfin von Parckstein, der späteren Gräfin von Bergstein, gewesen sei.

Diese aber war eine Tochter von Françoise Desprès-Verneuil, die Kurfürst Karl Theodor zur Baronin von Parckstein erhoben hatte. Karl Theodor ließ dieses Kind unter der Aufsicht des Obristkämmerers Freiherrn von Zedwiz und seiner Gemahlin aufwachsen. Der kleinen Gräfin war später der politisch zwielichtige Jesuitenpater Frank als Religionslehrer beigegeben worden, der sie auch in französischer Sprache unterrichtete. Er schrieb sich auch das Verdienst zu, bei der kleinen Gräfin, die ein schlechtes Gehör hatte und wegen dieser Taubheit auch Schwierigkeiten im Sprechen hatte, eine Eigenschaft, die sie auch im Erwachsenenalter nicht verlor, dieses Hindernis behoben zu haben. In Kreisen des Hofes wurde es als Unverschämtheit betrachtet, daß Pater Frank nach einigen Wochen des Sprachunterrichts behauptete, er habe es durch unsägliche Mühen dahin gebracht, die kleine Gräfin deutlich sprechen zu lehren. Mag sein, daß mit den zunehmenden Kräften des Kindes die Sprachorgane sich besser ausbildeten und daß man ihre Sprache etwas deutlicher fand, genug, der Kurfürst fand, daß sie vollkommen sprechen gelernt habe. Der ganze Hof behauptete daraufhin, daß man ihr nicht den mindesten Sprachmangel anmerke. Pater Frank sei auch täglich mit der jungen Gräfin beim Kurfürst erschienen, um Beweise ihres Fortschrittes vorzuführen. So habe dieser Pater ein neues Gewicht erhalten, der Kurfürst Vertrauen zu ihm bekommen und sich daran gewöhnt, ihn zu sehen und sich vertraulich mit ihm zu unterhalten und ihm zu beichten. Schließlich gab er ihm die Stelle eines Hofpredigers.

Wie bereits oben berichtet, wurde Caroline Franziska, Gräfin von Bergstein (auch Parckstein) 1776 im Alter von 14 Jahren mit Friedrich Wilhelm Prinz von Isenburg-Birstein, der sich damals im 46. Lebensjahr befand, verheiratet. Aus dieser Ehe gingen drei Kinder, zwei Prinzen und

Caroline Gräfin v. Heydeck, Tochter des Kurfürsten Karl Theodor v. d. Pfalz aus der Verbindung mit Josepha Seyffert, Gräfin von Heydeck, v. Heinrich Carl Brandt, um 1775/76, Kurpfälzisches Museum Heidelberg

Karl August, Reichsfürst zu Bretzenheim, Sohn des Kurfürsten Karl Theodor von der Pfalz aus der Verbindung mit Josepha Seyffert, Gräfin von Heydeck, von Franz Ignaz Oefele (?), 1782, Kurpfälzisches Museum Heidelberg

eine Prinzessin hervor. Caroline Franziska starb im Jahre 1816.

Von den Kindern aus der Verbindung mit Josepha von Heydeck wurde das älteste Kind nur 18 Jahre alt. Caroline Josephine, Fürstin von Bretzenheim starb bereits am 27. Juni 1786. Sie wurde im Jahre 1784 mit dem Grafen Max Joseph von Holstein zu Stamsried und Itlhofen, Erbstatthalter der Herzogtümer Oberpfalz und Sulzbach vermählt. Aus dieser Ehe ging ein Sohn hervor.

Das zweite Kind, Karl August Fürst von Bretzenheim, geboren 1769, gestorben in Wien am 27. Februar 1823, vermählte sich am 27. April 1788 mit Maria Walburga Prinzessin zu Oettingen-Spielberg. Aus dieser Ehe gingen zwei Söhne und drei Töchter hervor. Neben der Reichsfürstenwürde hat Karl August auf Betreiben seines Vaters die Würde des ersten Großpriors der neugegründeten bayerischen Zunge vom hohen Ritterorden Sankt Johannes von Jerusalem (Malteser-Ritterorden) erhalten. Für die Ausstattung dieser bayerischen Sektion des Malteser-Ritterordens hat Karl Theodor die Einkünfte aus sämtlichen Besitzungen und Gütern, welche die Jesuiten vor ihrer Aufhebung in Bayern, in der Oberpfalz und in Pfalz-Neuburg und Sulzbach besessen hatten, verwendet. Diese Einkünfte gingen dem Erziehungswesen in Pfalz-Bayern verloren.

Als die reichsunmittelbare Herrschaft Bretzenheim, weil auf dem linken Rheinufer gelegen, aufgrund der Siege Frankreichs in den Revolutionskriegen französisch geworden war, erhielt Karl August aufgrund des Reichsdeputationshauptschlusses im Jahre 1803 die ehemals freie Reichsstadt Lindau samt Stift zur Entschädigung. Nur wenige Tage darauf, bereits am 25. April 1803, tauschte er aufgrund eines Vertrages mit Österreich die Stadt und das Stift Lindau gegen die ehemaligen Besitzungen des ungarischen Rebellen Franz II. Ragoczy, nämlich die Herrschaften Sarós-Pasak und Regecz in Ungarn ein.

Von den Zwillingsschwestern Eleonore Caroline Josephine und Friederike Caroline Josephine, beide geboren am 9. Dezember 1771, ist letztere in die Literaturgeschichte eingegangen. Der bereits oben erwähnte Dichter Horst Wolfram Geissler hat ihr in seinem Roman „Der liebe Augustin" ein bleibendes Denkmal gesetzt. Er schildert eine zarte romantische Liebesgeschichte zwischen der Fürstäbtissin zu Lindau, Friederike von Bretzenheim, und dem Spieluhrenmacher und Lebenskünstler Augustin Sumser, die er in den Rahmen der zauberhaften Bodenseelandschaft stellt.

Der historische Hintergrund ist der, daß Friederike bereits mit elf Jahren (von 1782–1796) mit Würde einer Stiftsdame und Fürstäbtissin zu Lindau betraut worden war. Im Jahre 1796 vermählte sie sich mit dem Grafen Max von Westerholt und Gysenberg. Letzterer entstammte einem westfälischen Adelsgeschlecht. Die Ehe war eine Neigungsehe. Friederike war keine Schönheit, aber von anziehendem und liebenswürdigem Wesen. Aus dieser Ehe gingen vier Söhne und drei Töchter hervor. Friederike starb in Oberhausen am 2. 3. 1816.

Ihre Schwester Eleonore wurde wesentlich älter. Sie starb am 23. Dezember 1832. Im Gegensatz zu ihrer Schwester Friederike mußte sie im Jahre 1787, also mit 17 Jahren, eine Konventionsehe mit Wilhelm Carl Graf zu Leiningen-Guntersblum, kurpfalz-bayerischer Staatsminister und Kammerherr, eingehen. Er war bereits 50 Jahre alt, als er das 17jährige Mädchen heiratete. Der Graf von Leiningen galt als Günstling Karl Theodors. Eleonore fügte sich aus Gehorsam in die Ehe. Natürlich wird auch von einem Geliebten Eleonores berichtet. Dieser soll ein Baron Pfeil gewesen sein, den Eleonore, nunmehrige Gräfin von Leiningen-Guntersblum, mit 1000 Carolinen abgefunden haben soll.

Als die französischen Revolutionsheere über Deutschland hereinbrachen, brach Eleonore aus ihrer Konventionsehe aus. Sie lebte im pfälzischen Guntersblum, also auf französischem Gebiet. Dort soll sie auch die Geliebte eines französischen Generals geworden sein. Im Juni 1798 schrieb sie an ihren Vater, den Kurfürsten Karl Theodor, sie sei es nun müde, sich ferner ihrem Vater und ihrem alten Mann aufzuopfern und wolle ihres Lebens einmal froh werden. Im Jahre 1801 wurde ihre Ehe geschieden.

Wie ihre Halbschwester, die Gräfin Caroline von Parckstein, ließ auch Karl Theodor seine Kinder aus der Verbindung mit Josepha, Gräfin von Heydeck, sehr sorgfältig erziehen. Zu ihrem Vormund wurde der bereits erwähnte Hofgerichtspräsident Franz Albert von Oberndorff, später Reichsgraf und Minister, und der Regierungs- und Hofgerichtsrat Joseph von Fick, eingesetzt.

Im Jahre 1777 hatte Mozart, wie bereits geschildert, während seines Mannheimer Aufenthaltes den Kindern Klavierunterricht erteilt. Maria Anna Mozart, die Mutter Wolfgang Amadeus Mozarts, schreibt am 8. November 1777 aus Mannheim an ihren Mann Leopold in Salzburg, daß von den vier Kindern zwei Kinder Klavier spielen, daß der Kurfürst seine Kinder über alles liebe und dem Intendanten befohlen habe, Wolfgang zu diesen Kindern zu führen. In seinem Brief vom 3. Dezember 1777 berichtet Wolfgang Amadeus Mozart seinem Vater von der bereits oben erwähnten Begegnung mit dem Kurfürst Karl Theodor bei den Kindern der Gräfin von Heydeck.

Die Kinder des Kurfürsten Karl Theodor haben eine weit verzweigte Nachkommenschaft. Bis weit ins vorige Jahrhundert hinein finden wir sehr häufig den Namen Karl Theodor und Elisabeth Auguste vertreten. Hinsichtlich der Einzelheiten muß auf die Fachliteratur verwiesen werden.

Kapitel 4

Die Rolle des Theaters als Forum und Basis der Verbindungen mit schönen Frauen

Wie das vorangegangene Kapitel gezeigt hat, kamen die Favoritinnen des Kurfürsten Karl Theodor in Mannheim ausschließlich von der kurfürstlichen Oper im Mannheimer Schloß. Josepha, Freifräulein von Leutrum, stellt eine Ausnahme dar, und es ist nicht sicher, ob der Kurfürst mit ihr eine engere Beziehung hatte. Die menschliche Qualität der hier in Betracht zu ziehenden weiblichen Opernmitglieder, war je nach Herkunft und Erziehung unterschiedlich, wie das Beispiel von Augusta Wendling zeigt. Hier war es nicht so sehr Augusta Wendling selbst, als ihre Mutter, die das erforderliche Augenmaß und die gebotene Zurückhaltung vermissen ließ.

Es fällt auf, daß der Kurfürst Frauen zu seinen Favoritinnen erhob, die noch sehr jung d. h. also unberührt waren. Der Fürst erwartete dies auch, beabsichtigte er doch mit der jeweiligen Favoritin eine Familie, wenn auch eine illegitime, zu gründen, wie das Beispiel von Josepha Seyffert beweist.

Es war für den Fürsten einfacher, beim Theater Zugang zu jungen Frauen zu finden, denn das Theater enthob sie den Zwängen der nichtadligen Gesellschaft. Dort hatte eine Frau, wenn man von ganz wenigen Beispielen absieht, aus der Obhut ihrer Eltern in die Obhut des Ehemannes überzugehen und den Rest ihres Lebens in Haus, Küche und Kindbett zu verbringen.

Ein Mädchen aus diesen Kreisen, das das „Pech" hatte, von armen Eltern in die Welt gesetzt worden und dazu von mangelnder Schönheit gekennzeichnet zu sein, hatte nicht einmal diese Zukunftsperspektive. Mädchen armer Eltern, die von ausgezeichneter Schönheit waren, konnten bei günstigen Umständen ihr Glück bei der Bühne machen. Dieses Glück hatte unterschiedliche Stufungen. Hatte ein Bühnenmädchen großes Glück, so fand sie als Gemahlin den Zugang zu den Adelskreisen. Als weiteres großes Glück zu jener Zeit konnte schon betrachtet werden, wenn ein solches Mädchen zur offiziellen Mätresse eines mächtigen Potentaten avancierte und entsprechend auch öffentlich durch Erhebung in den Adelsstand sowohl für sie als auch für ihre Kinder hof- und gesellschaftsfähig wurde. Die Machtverhältnisse zwangen die übrige Welt, der so ausgezeichneten Frau den entsprechenden Respekt zu zollen.

Weniger glanzvoll war das Schicksal desjenigen Bühnenmädchens, das einen adligen und reichen Liebhaber hatte, der es sich gesellschaftlich nicht leisten konnte, das Mädchen ohne Ausstattung und angemessenen Schmuck und Präziosen zu lassen, so daß es nach einer gewissen Zeit, sei es, daß der Kavalier sich einer anderen Dame zuwandte oder eine gegenseitige Abkühlung zu spüren war, einen seriösen Ehemann fand. Dieser störte sich nicht an der Vergangenheit eines solchen Mädchens, zeichnete es sich doch einmal durch besondere Schönheit und zum anderen durch Wohlstand aus.

Weniger ehrenvoll, aber angenehm im Leben, war das Schicksal derjenigen Bühnendamen, die von einem Liebhaber zum anderen gereicht wurden und durch deren Dankbarkeit zu einem beachtlichen Vermögen kamen.

Giacomo Casanova, Chevalier de Seingalt, berichtet in seinen Memoiren aus dem Paris des 18. Jahrhunderts, daß die Foyers der Theater der vornehme Markt seien, wo die Jünger der Liebe ihre Künste spielen ließen, um Abenteuer zu finden. Dort beschäftigten ihn die ausgehaltenen Mädchen und jene, die nur deshalb behaupteten, allen zu gehören, weil sie sangen, tanzten oder Theater spielten. Da sich diese Mädchen aber auch sonst für sehr vorurteilsfrei hielten, erfreuten sie sich ihres Rechts, abwechselnd der Liebe oder dem Geld zu huldigen und manchmal auch beiden zugleich. Dem berühmten Abenteurer fiel es nicht schwer, mit ihnen allen bekannt zu werden. Man mußte dabei stets die Börse bereit halten, aber da es sich nur um kleine Beträge handelte, war der Aufwand geringer als das Vergnügen.

Giacomo Casanova wird eines Tages von einem Freund zu einer berühmten Opernsängerin geführt, die unter dem Namen Le Fel (es handelt sich um Marie Le Fel, die von 1716–1804 lebte) der Liebling von ganz Paris und weibliches Mitglied der königlichen Musikakademie war. Sie hatte drei reizende Kinder, die im Hause herumtollten und die sie vergötterte. Giacomo Casanova bemerkte, daß jedes der Kinder andere Gesichtszüge hatte. Die Sängerin wies darauf hin, daß jedes der Kinder einen anderen Vater habe, die alle aus dem Hochadel kamen. Casanova, der sich entschuldigen wollte, weil er dachte, sie sei die Mutter von allen drei Knaben, war erstaunt und beschämt, als Marie Le Fel ihm bestätigte, daß sie auch die Mutter sei. Giacomo Casanova war beschämt, denn er war nicht gewohnt, eine Dame so mit den Rechten der Männer umspringen zu hören. Mademoiselle Le Fel sei nicht etwa schamlos gewesen, sie sei aber freimütig und über jedes Vorurteil erhaben gewesen.

Die Herren, denen die „kleinen Bastarde" gehörten, ließen sie in den Händen der Mutter und zahlten dieser eine Pension für die Erziehung. Die Mutter selbst hatte reichlich zu leben. Das Gegenteil von dieser Dame lernte Giacomo Casanova in Rosa-Giovanna Balletti, geborene Benozzi, genannt Silvia (1701–1758) kennen, die Schauspielerin an der Comédie Italienne in Paris war und stets die Rolle der zweiten Liebhaberin spielte. Sie war in Paris sehr berühmt. Giacomo Casanova fand sie über jedes Lob noch weit erhaben. Sie war zu jener Zeit 50 Jahre alt, von schlankem Wuchs, vornehm in Haltung und Gehabe, ungezwungen, herzlich und heiter. Sie habe sich gewählt ausgedrückt, jedermann bezaubert und vor Geist gesprüht, ohne das geringste Anzeichen von Überheblichkeit. Ihr Gesicht sei ein Rätsel gewesen. Es sei interessant und würde allen gefallen. Und doch könnte man es bei näherem Zusehen nicht schön finden.

Man habe auch nicht sagen können, daß sie weder schön noch häßlich sei, denn der Reiz ihrer Persönlichkeit habe alles überstrahlt.

Um ganz unvergleichlich zu sein, habe sie ihren Vorzügen noch einen hinzugefügt, ohne den sie als Schauspielerin dennoch zum Gipfel des Ruhmes gelangt wäre. Ihr Lebenswandel war makellos. Sie wollte Freunde haben, aber niemals Liebhaber. Sie habe ein Vorrecht verschmäht, das sie hätte genießen können, denn sie hätte sich dabei selbst verachtet. So habe sie einen ehrbaren Ruf schon in einem Alter gewonnen, in dem er allen Frauen ihres Standes lächerlich, ja fast beleidigend erschienen wäre. Deshalb haben sie einige Damen des höchsten Standes sogar mit ihrer Freundschaft und nicht nur mit ihrer Gunst ausgezeichnet.

Als sie starb, wurde sie in einer alten Pfarrkirche, nämlich in St. Sauveur in Paris, ehrbar und ohne den geringsten Einwand des Pfarrers beerdigt. Der Pfarrer sagte nämlich, ihr Beruf als Schauspielerin habe sie nie daran gehindert, Christin zu sein.

Diese Bemerkung ist insofern beachtenswert, als hier anzumerken ist, daß die Kirche in Frankreich noch im 18. Jahrhundert den Schauspielern die christliche Trauung und die Bestattung in geweihter Erde versagte. Noch Voltaire hat energisch gegen diese Härte protestiert. Es war eine Reminiszenz an jene Zeit, als die Schauspieler noch zum fahrenden Volk zählten, in dem sich anständige mit unanständigen Menschen mischten. Wie die Beispiele im kurpfälzischen Mannheim zeigten, war dies in Deutschland zumindest bezüglich der Angehörigen der Residenzbühne nicht mehr der Fall.

Da insbesondere die Damen des französischen Balletts für ein Liebesabenteuer verhältnismäßig leicht zu gewinnen waren, sofern der Kavalier die entsprechenden Voraussetzungen mitbrachte, suchte Kurfürstin Elisabeth Auguste dem entgegen zu steuern, indem sie ein Ballett aus Landeskindern aufzubauen suchte. Im Mannheimer Schloß stellte sie einen großen Saal zur Verfügung, wo der allerdings un-

Die venezianische Sängerin „La Trompetina", v. Jean Raoux, um 1725, Kurpfälzisches Museum Heidelberg

verzichtbare französische Ballettmeister Bouqueton (einer jener Tänzer, um die es zum Streit mit Kurköln kam) seine jungen Schülerinnen im Tanzen unterrichtete. Die Eltern der jungen Mädchen wurden verpflichtet, diese täglich bis zur Tür des Saales zu begleiten und nach dem Unterricht wieder abzuholen. Vor dem Eingang zum Tanzsaal hatte man im Korridor eine Schildwache aufgestellt, um die Jungfräulichkeit der Mädchen besonders zu schützen. Die Bemühungen der Kurfürstin, ein keusches und einheimisches Ballett zu schaffen, waren aber nur teilweise von Erfolg gekrönt. Es fanden sich immer wieder Lücken, die strengen Gesetze der Kurfürstin zu umgehen. Johann Christian von Mannlich erzählt uns von zwei Beispielen, an welchen er selbst beteiligt war. Der Bruder Herzog Christians IV von Pfalz-Zweibrücken, der Pfalzgraf Friedrich Michael, gab Mannlich den Auftrag, ein Portrait seines kleines Sohnes, des Prinzen Max Joseph, des späteren ersten bayerischen Königs, in türkischer Tracht zu malen. Dieses große Portrait befindet sich heute in dem rheinland-pfälzischen Museum in Schloß „Villa Ludwigshöhe" bei Edenkoben. Der Mannheimer Kunsthändler und -experte Karl Theodor Stahl hat das verschollene Bildnis im Kunsthandel aufgespürt und den Erwerb dem Museum ermöglicht. Für die Erstellung des Portraits wurde Mannlich ein helles schönes Zimmer, das sich neben dem Tanzsaal befand, zugewiesen. Von diesem Zimmer führte eine Verbindungstür in den Tanzsaal. Der listige Mannlich gelangte in den Besitz des Schlüssels und versteckte ihn sorgfältig, um sich bei Gelegenheit seiner zu bedienen.

Am Tag darauf schlüpfte eine der Schülerinnen Terpsichores, welche die Türe offen vorgefunden hatte, vor der Tanzstunde zu Mannlich hinein. Die Zeit verging natürlich wie im Fluge. Als die Zeit der Trennung kam, spähten beide, ob jemand im Korridor sei, und just in dem Augenblick, in dem die auf und ab patroullierende Schildwache den Rücken kehrte, huschte die Schöne flink hinaus und betrat den Tanzsaal, als wäre sie eben aus den schützenden

Fittichen ihrer Mutter hervorgekommen. Doch der Krug geht solange zum Brunnen, bis er bricht. – Eines Tages, als noch andere Tänzerinnen hinzukamen und man kecker und übermütiger geworden war, wurde plötzlich heftig an der abgeschlossenen Korridortüre gerüttelt. Es war die Stimme Herzog Christians IV. zu vernehmen. Eilends schob Johann Christian Mannlich seine zitternde Freundin zur Tür in den Tanzsaal hinaus. Mannlich wollte Zeit gewinnen, indem er vor dem Öffnen den Schlüssel ein paar mal im Schloß herumdrehte, aber er war so durcheinander, daß gleich mit dem ersten Griff die Tür aufgeschlossen war. Der in seinen Bewegungen lebhafte und flinke Herzog trat ein und erblickte noch einen Zipfel des grünen Taftrockes, der in den Tanzsaal hinaushuschte. Der Herzog öffnete die verbotene Verbindungstür zum Tanzsaal und betrat diesen. Sofort kehrte er wieder zurück und fragte den aufgeregten Mannlich, ob dieses Fräulein also zu einem tête-à-tête zu ihm käme.

Mannlich war so sehr verwirrt, daß er die Tatsache leugnete. Daraufhin der Herzog: „Und die drei Tassen Schokolade auf dem Tisch hier! Wenn ich es auch nicht gesehen habe, so darf ich wohl annehmen, daß sie mit Ihm gefrühstückt hat". Der Herzog zeigte sich dabei in bester Laune. Die Anmut der Tänzerin hatte ihn offensichtlich vom guten Geschmack Mannlichs überzeugt. Durch das Wohlwollen des Herzogs beruhigt, gestand Mannlich nun sein Vergehen. Dennoch war er nicht sicher, ob der Herzog die Kurfürstin mit ihrem Bestreben, nur Jungfrauen in ihrem Ballett sehen zu wollen, necken würde. Doch der Herzog bewahrte Diskretion und nichts geschah. In einer gleichen Situation befand sich Mannlich, als er, wie bereits oben beschrieben, das Portrait der verstorbenen Tänzerin Françoise, Freifräulein von Parckstein (Desprès-Verneuil) malte. Sein Atelier befand sich damals gleichfalls neben dem Tanzsaal. Er konnte es auch da nicht lassen, mit den Schülerinnen zu schäkern. So kam es eines Tages, wie es kommen mußte. Als der Kurfürst ihn besuchte, um sich von dem Fortschritt der Arbeiten zu überzeugen, klopfte es an der Tür zum Tanzsaal, zu der Stunde, in der für gewöhnlich die Tanzschülerinnen Mannlich besuchten. Dies war unserem Maler insofern peinlich, als ihm Kurfürst Karl Theodor äußerste Diskretion auferlegt hatte, indem er ihm gebot, niemanden das Atelier betreten zu lassen. Der Kurfürst tat so, als ob er nichts bemerken würde. Mannlich stellte sich gleichfalls taub. Das Klopfen aber wurde immer lauter; schließlich blickte eine der Schülerinnen durch das Schlüsselloch und sah einen der Schuhe des Kurfürsten und sagte unter Kichern zu anderen, daß Mannlich nicht zu Hause und ausgegangen sei, aber er habe einen seiner Schuhe zu Hause gelassen. Eine andere fügte hinzu: Mit einem Stück seines Beines, bekleidet mit einem Strumpf von grauer Seide. Mannlich war sehr verwirrt. Sein gerötetes Gesicht konnte der Kurfürst zum Glück nicht sehen. Alle Farbkleckse, die er während der Zeit machte, mußte er später beseitigen. Schließlich erhob sich der Kurfürst aus seinem Sessel und, indem er ihm einen guten Tag wünschte, wandte er sich der Korridortür zu. Mannlich eilte, um zu öffnen. Aber als er hinter den Türvorhang eilte, verhielt er sich infolge seiner Verwirrung so ungeschickt, daß er in die Mitte des Zimmers stürzte. Dies hatte für ihn den Vorteil, daß Karl Theodor die Verwirrung Mannlichs mehr seiner Ungeschicklichkeit als seinem Ungehorsam und seiner Indiskretion zuschrieb. Als der Kurfürst um die Ecke des Korridors entschwunden war, eilte Mannlich in den Saal, um seinen schönen Freundinnen zu sagen, was sich ereignet hatte.

Karl Theodor hatte Verständnis für Johann Christian Mannlich und ließ ihn sein Vergehen nicht spüren. Aber der Ballettmeister Bouqueton muß einen Wink bekommen haben. Seinen Elevinnen hielt er eine lautstarke Standpauke, von Mannlich verlangte er den Schlüssel zur Verbindungstür zum Tanzsaal. Mannlich, der den Schlüssel im Rocaille-Schmuck eines großen Kachelofens verborgen hatte, weigerte sich, diesen herauszugeben. Darauf kündigte der Ballettmeister an, er werde ein großes Vorhängeschloß anbringen lassen.

Einmal jedoch hatte Mannlichs Schäkern mit einem Ballettmädchen eine überaus glückliche Auswirkung. Es betraf den damals etwa 6 Jahre alten Prinzen Max Joseph. Sein Kammerdiener und Unterhofmeister Lebschée hatte den Befehl, weder bei Tag noch bei Nacht von der Seite des kleinen Prinzen zu weichen. Da er jedoch täglich wenigstens auf eine oder zwei Stunden seine Familie sehen wollte, übernahm Mannlich stets in der Zeit von 13.30–15.30 Uhr die Betreuung des kleinesn Prinzen. Während dieser Zeit saß nämlich der Hof bei der Tafel. Nach dem Mittagessen suchte der Prinz Mannlich in dessen Zimmer im Mannheimer Schloß auf. Mannlich pflegte neben seine Staffelei ein Tischchen zu stellen, auf welchem der Prinz zeichnete oder alte Stiche durchblätterte, die Mannlich für ihn besorgt hatte und ihm erklärte. Der kleine Prinz blieb solange bei Mannlich, bis ihn sein Kammerdiener zum Spaziergang nach der Mühlau oder Kaiserhütte abholte, wo stets ein kleiner Imbiß bereit stand.

Als eines Tages Mannlich sich bei seinem Mittagessen zu lange verweilt hatte, und er sich beeilte, in das Schloß zu kommen, um rechtzeitig den kleinen Prinzen in Empfang zu nehmen, fand er sich vor dem Fenster von Mademoiselle Caroline Bocard, einer französischen Ballettänzerin an der Mannheimer Hofoper, zu einem Täßchen Kaffee eingeladen. Mannlich versuchte angesichts der knappen Zeit abzulehnen, schließlich konnte er doch nicht widerstehen und erlag dem Charme dieser Tänzerin, die nicht nur charmant, sondern sehr hübsch war, so daß aus dem ursprünglich beabsichtigten kurzen Augenblick fast eine halbe Stunde geworden war. Als Mannlich die Tür zu seinem Zimmer öffnete, schlug ihm ein heftiger Luftzug entgegen, in der nächsten Sekunde zerschmetterte der innere, hohe Fensterladen aus dickem Eichenholz das Tischchen und den Stuhl des kleinen Prinzen sowie Mannlichs eigenen Stuhl. Der Fensterladen hatte sich aus der oberen Angel losgerissen, stürzte auf den Parkettboden, hinterließ dort eine Vertiefung, um dann gegen einen Fensterflügel zurückzuprallen, den er vollständig hinausstieß. Wenig später trat der Kammerdiener mit dem kleinen Prinzen ein. Sie hatten sich außerhalb des Zimmers die Zeit vertrieben. Der Schreck aller Beteiligten war groß. Besonders der Kammerdiener fühlte die ganze Tragweite seiner Verantwortung bei dem Gedanken, wie entsetzlich es gewesen wäre, wenn der Prinz, der seinem Schutze anheim gegeben war, bei Mannlich das Leben eingebüßt hätte. Jahrzehnte später erinnerte sich König Maximilian Joseph I. von Bayern daran und sagte bei einem Déjeuner beim Grafen Rechberg zur Königin: „Wenn dieser alte Libertin von einem Mannlich nicht eine Tasse Kaffee bei einer Tänzerin der Oper getrunken hätte, würde ich schon vor einem halben Jahrhundert das Zeitliche gesegnet haben“.

So haben die schwarzen Augen der Mademoiselle Caroline eine dynastische Veränderung auf Bayerns Thron verhindert.

Der bereits erwähnte Herzog Christian IV. von Pfalz-Zweibrücken und Onkel des Prinzen Maximilian Joseph war nicht geneigt, eine Konventionalehe einzugehen. Seine große Liebe gehörte Marianne Maria Johanna Franziska Camasse, gleichfalls einer Ballettänzerin an der Mannheimer Hofoper. Sie wurde am 9. September 1734 in Straßburg geboren. Um 1750 kam ihre Mutter mit den übrigen Kindern nach Mannheim. Da sie kein Geld hatten, lernte Marianne im Ballett der Kurfürstin tanzen. Der Vater Jean Baptiste scheint ein kleiner königlicher Beamter in Frankreich gewesen zu sein, dann Schauspieler in Straßburg. Die Mutter habe Eleonore Roux geheißen.

Der Vater soll einer vornehmen spanischen Familie namens Fontevieux entstammen. Da er den Namen habe verheimlichen wollen, habe er sich Camasse genannt. Interessant ist, daß der Taufname der Schwester Mariannes auf Marie Salomé, der Patronin der Zigeuner, lautete. Der ältere Bruder allerdings nannte sich Fontevieux, der jüngere aber Fontenet.

Als Herzog Christian der von ihm verehrten Marianne Camasse seine Liebe offenbarte, brachte Marianne dieser Bekundung kein Vertrauen entgegen. Seine ersten Briefe, und eine Miniatur mit dem Bildnis des Herzogs auf einer Dose wurden dem Herzog entrüstet zurückgeschickt. Die vom Herzog bekundete Kränkung hat aber Marianne positiv berührt. Nach einigem Briefwechsel kamen die Begegnungen der beiden Menschen außerhalb der Stadt Mannheim oder bei der verheirateten Schwester Mariannes zustande. Der Intendant Ravanel scheint den Briefträger gespielt zu haben. Herzog Christian, der immerhin ein wichtiger dynastischer Faktor war, mußte mit Hofintrigen rechnen. Er schlich um das Haus seiner Angebeteten herum, aus Angst, daß ihr etwas geschehen könnte. Besonders mußte er die Einwände der Kurfürstin fürchten, mit der er sich aussprechen will. Marianne ist unsicher. Handelt es sich um die wahre große Liebe des Herzogs oder lockt ihn nur das Feuer einer vorübergehenden Leidenschaft. Der Herzog aber drängt auf eine Entscheidung Mariannes.

Sie gewinnt Vertrauen zu ihm, verläßt die Bühne und zieht nach Zweibrücken. Sie besteht allerdings auf kirchli cher Trauung und er auf Geheimhaltung. Im Jahre 1751 wird das ungleiche Paar getraut. Die Ehe wird sehr glücklich. Marianne Camasse ergänzt ihre Bildung, wird mit Hilfe der Marquise de Pompadour zur Gräfin von Forbach erhoben. Dieser Grafentitel vererbt sich auf die Kinder der beiden. Allerdings werden die Grafen und Gräfinnen von Forbach nicht erbfolgeberechtigt in der Würde eines Herzogs von Pfalz-Zweibrücken, da diese Ehe unebenbürtig ist und die Kinder, wie bereits ausgeführt, dem Rechtsstatus der Mutter folgen.

Erbberechtigt wurden durch diese Heirat die Söhne des Bruders Herzog Christians, nämlich die Söhne des Pfalzgrafen Friedrich Michael. Der ältere der Söhne, Carl August, wird Erbherzog von Pfalz-Zweibrücken. Der jüngere, Maximilian Joseph, wird der letzte pfalz-bayerische Kurfürst und erste König von Bayern.

Schon lange sind die kurz beschriebenen Frauengestalten jener Zeit, die die historische Anfangszeit der Residenzstadt Mannheim war, in die Geschichte zurückgetreten. Sie haben das Gewand ihrer Rolle, die ihnen das Schicksal zugewiesen hat, abgelegt. Das, was sich unter diesem Gewand verbarg, konnte nur mühsam verborgen werden: Das Wesen der Frau!

Es ist stärker als alle gesellschaftlichen Strukturen, alle Rechtskonstruktionen, alle Rollenspiele, die man den Frauen zuweist. Sie bestimmen mittelbar und unmittelbar das Geschehen des Lebens. Auch heute noch, da, wo sich im öffentlichen, im ökonomischen und gesellschaftlichen Bereich Grundmuster feudalen Verhaltens gebildet und erhalten haben. Verbindet sich das Wesen einer Frau mit starker Persönlichkeit, so wird sie stets ihren eigenen Weg bestimmen.

Und so können wir mit dem Chorus Mysticus aus Johann Wolfgang v. Goethes Faust schließen:

Alles Vergängliche
Ist nur ein Gleichnis;
Das Unzulängliche hier wirds Ereignis;
Das Unbeschreibliche,
Hier ist es getan;
Das Ewig-Weibliche
Zieht uns hinan.

Zeittafel

1688	Karl Philipp von Pfalz-Neuburg heiratet Louise Charlotte von Radziwill verwitw. Markgräfin von Brandenburg, Tochter des Fürsten Boguslaw von Radziwill, Herzog von Birza.
1693	Geburt von Elisabeth Auguste Sophie Franziska von Pfalz-Neuburg, das einzige Kind Karl Philipps, das das Erwachsenenalter erreicht.
1695	Karl Philipp wird zum ersten Mal Witwer.
1701	Karl Philipp heiratet Theresia Katharina Lubomirska, Tochter des Fürsten Joseph Karl Lubomirsky von Ostrog.
1701–1717	Karl Philipp regiert als kaiserlicher Statthalter von Tirol in Innsbruck; dort lernt er vermutlich den Zwerg Perkeo kennen.
1712	Karl Philipp wird zum zweiten Mal Witwer. Gleichzeitig mit seiner Gemahlin stirbt auch das zweite Kind aus dieser Ehe, Anna Elisabeth Theophila, an den Blattern.
1716	Nach dem Tode seines kinderlos gebliebenen Bruders Johann Wilhelm (Jan Wellem) wird Karl Philipp Kurfürst von der Pfalz.
1717	Heirat von Elisabeth Auguste Sophie Franziska von Pfalz-Neuburg mit dem Erbprinzen Joseph Karl Emmanuel von Pfalz-Sulzbach in Innsbruck.
1718	Karl Philipp verlegt seine Residenz von Neuburg an der Donau in die Kurpfalz; am 18. August in Schwetzingen, am 19. August zum ersten Mal Besuch in Mannheim, im weiteren Verlauf des Monats August Einzug in Heidelberg auf dessen Schloß.

1719	Baron von Pöllnitz am Hofe Karl Philipps in Heidelberg.
1720	Kurfürst Karl Philipp, Heidelberg, erhebt Mannheim zur kurfürstlichen Residenz. Beginn des Baues des Mannheimer Schlosses (2. Juli Grundsteinlegung).
1731	Kurfürst Karl Philipp bezieht das teilweise fertige Mannheimer Schloß.
1721	Geburt der Prinzessin Elisabeth Auguste von Pfalz-Sulzbach.
1722	Geburt der Prinzessin Maria Anna Josepha von Pfalz-Sulzbach.
1724	Geburt der Prinzessin Maria Franziska Dorothea von Pfalz-Sulzbach.
1724	Geburt des späteren Kurfürsten Karl Theodor als Sohn des Pfalzgrafen Johann Christian von Pfalz-Sulzbach, eines Bruders des Erbprinzen Joseph Karl Emmanuel von Pfalz-Sulzbach, des Schwiegersohnes des Kurfürsten Karl Philipp.
1728	Tod der Prinzessin Elisabeth Auguste Sophie Franziska von Pfalz-Neuburg (Pfalz-Sulzbach), der Tochter Karl Philipps, an der Geburt ihres siebten Kindes.
1729	Tod des Erbprinzen Joseph Karl Emmanuel von Pfalz-Sulzbach.
1733	Tod des Pfalzgrafen Johann Christian von Pfalz-Sulzbach, des Vaters Karl Theodors.
1729	Kurfürst Karl Philipp heiratet heimlich zur linken Hand Franziska Maria Violanta Theresia, Reichsgräfin von Thurn und Taxis.
1732	Maria Violanta Theresia von Thurn und Taxis wird zur Oberhofmeisterin der Enkelinnen Karl Philipps ernannt.
1733	Maria Violanta Theresia von Thurn und Taxis wird heimlich durch Kaiser Karl IV in den Reichsfürstenstand erhoben.

1734	Tod der Reichsfürstin Maria Violanta Theresia von Thurn und Taxis und Beisetzung in der Schloßkirche zu Mannheim. Karl Philipp wird zum dritten Mal Witwer.
1742	Elisabeth Auguste von Pfalz-Sulzbach wird mit ihrem Cousin, dem späteren Kurfürsten Karl Theodor, verheiratet. Zum gleichen Zeitpunkt wird ihre Schwester Maria Anna Josepha von Pfalz-Sulzbach mit Herzog Clemens von Bayern, dem Neffen Kaiser Karls VII Albrecht von Wittelsbach, verheiratet.
1746	Maria Franziska Dorothea von Pfalz-Sulzbach wird mit Pfalzgraf Friedrich Michael von Pfalz-Zweibrücken verheiratet. Ihr Sohn Maximilian Joseph von Pfalz-Zweibrücken wird 1795 Kurfürst von der Pfalz und Bayern und 1806 König von Bayern.
1742	Tod des Kurfürsten Karl Philipp. Karl Theodor wird Kurfürst von der Pfalz.
1751	Herzog Christian IV von Pfalz-Zweibrücken heiratet die Tänzerin Marianne Camasse, spätere Gräfin von Forbach.
1770	Herzogin Maria Anna Josepha wird Witwe.
1777	Karl Theodor wird auch Kurfürst von Bayern aufgrund der Hausverträge zwischen den pfälzischen und bayerischen Häusern Wittelsbach.
1778	Kurfürst Karl Theodor verlegt seine Residenz von Mannheim nach München. Er tritt große Teile Bayerns vertraglich an Österreich ab.
1778/79	Auf Betreiben der Herzogin Maria Anna Josepha Aufmarsch der Truppen Friedrich II. von Preußen an der böhmischen Grenze gegen Österreich (sog. Kartoffelkrieg).
1779	13. Mai Friedensvertrag zu Teschen zwischen Preußen und Österreich, der den unblutigen

	Kartoffelkrieg beendet und Österreich lediglich das Inn- und Hausruckviertel beläßt.
1780	Herzogin Maria Anna Josepha heiratet ihren Rentmeister und Vertrauten Andreas Andrée.
1790	Tod der Herzogin Maria Anna Josepha.
1794	Tod der Kurfürstin Elisabeth Auguste und Tod der dritten Schwester, der Pfalzgräfin Maria Franziska Dorothea.
1799	Tod des Kurfürsten Karl Theodor.
um 1740	Geburt der Schauspielerin und Favoritin Karl Theodors, Françoise (Desprès-Verneuil) von Parckstein, Mutter der Gräfin Caroline Franziska von Bergstein (Parckstein) (1763–1816), spätere Fürstin von Isenburg-Birstein.
1765	Tod von Françoise von Parckstein.
1748	Geburt der Ballett-Figurantin und Favoritin Karl Theodors Josepha (Seyffert) Gräfin von Heydeck, Mutter des Fürsten Karl August von Bretzenheim (1769–1823).
1771	Tod der Gräfin von Heydeck.
1760	Geburt des Fräulein von Einsiedel, außerehelicher Tochter der Pfalzgräfin Maria Franziska Dorothea von Pfalz-Zweibrücken aus einer Verbindung mit einem Mannheimer Schauspieler.
1756–1765	Johann Christian von Mannlich studiert an der von Peter Anton von Verschaffelt geleiteten Zeichnungsakademie in Mannheim.
1777/78	Wolfgang Amadeus Mozart verbringt den Winter in Mannheim und bemüht sich um eine Anstellung beim Mannheimer Hof.

Verwendete und herangezogene Quellen und Literatur:

Zu Kapitel 1:

Urkunden: Geheimes Hausarchiv München, Korr. Akt 466 1/2: Maria Franziska Dorothea, Prinz Friedrichs Gemahlin v. einem Anonymus veröffentlicht mit Genehmigung S. K. H. Herzog Albrecht von Bayern.
Bayerisches Hauptstaatsarchiv, Kasten blau 404/5a/95.

Literatur und gedruckte Quellen:

Adalbert Prinz von Bayern, Der Herzog und die Tänzerin, Die merkwürdige Geschichte Christians IV. von Pfalz-Zweibrükken und seiner Familie, Neustadt/Weinstraße 1966.

Aus dem Katalog zur Ausstellung „Carl Theodor und Elisabeth Auguste, Höfische Kunst und Kultur in der Kurpfalz“ des Kurpfälzischen Museums der Stadt Heidelberg anläßlich seines hundertjährigen Bestehens als Städtische Kunstsammlung vom 27. September bis 18. November 1979, Heidelberg 1979: Elisabeth Eichner, Lebensbild des Kurfürstenpaares, S. 55ff.; Barbara Grotkamp, Die Bildnisse Carl Theodors und Elisabeth Augustes, S. 45ff.; Hans Schmidt, Die Politik des Kurfürsten Carl Theodors, S. 9ff.

Erklärendes Verzeichnis der vormals Gräflich von Graimberg'schen jetzt städtischen Kunst- und Altertümer-Sammlung zur Geschichte Heidelbergs und der Pfalz im Friedrichsbau des Heidelberger Schlosses, Herausgegeben von Albert Mays, Heidelberg 1881, S. 10, 26; 3. Auflage Heidelberg 1892, S. 8, 22.

Des Professors Dr. Thomas Alfried Leger Erklärendes Verzeichnis der Denkmäler in der Graimbergischen Altertümer-Sammlung des Heidelberger Schlosses, Herausgegeben von Karl von Graimberg, Heidelberg, 1838, S. 23, 24.

Horst Wolfram Geißler, Die Dame mit dem Samtvisier, Roman, München 1932, S. 124ff.

Alexander von Gleichen-Russwurm, Das Jahrhundert des Rokoko, Bd. 16, Lebensführung und Lebenskunst im 18. Jahrhundert, S. 387 ff. in Kultur- und Sittengeschichte aller Zeiten und Völker, Aus den Meisterwerken der Kulturgeschichtsbeschreibung, ausgewählt und bearbeitet von Alexander von Gleichen-Russwurm und Friedrich Wencker, Band 15–16, Wien, Hamburg, Zürich, Gutenberg-Verlag Christensen u. Co; derselbe, Das Jahrhundert des Barock, Bd. 13, Gesellschaft und Sitte (1600–1700), S. 172 ff. sowie Bd. 14, Die Kunst, der Gedanke und das Leben im 17. Jahrhundert. S. 334 ff. in a. a. O. Bd. 13–14.

Christian Haeutle, Genealogie des erlauchten Stammhauses Wittelsbach von dessen Wiedereinsetzung in das Herzogtum Bayern (11. Sept. 1180) bis herab auf unsere Tage, nach Quellen neu bearbeitet und zusammengestellt von Dr. Christian Haeutle, München 1870, S. 85, 87, 88, 75, 76, 77, 78, 79, 189, 199, 200.

Neuburg, Die Junge Pfalz und ihre Fürsten, Festschrift zur 450-Jahr-Feier des Fürstentums Neuburg, hrsgg. von Josef Heider, Neuburg a. d. Donau, 1955, S. 117.

August Wilhelm Iffland, Über meine theatralische Laufbahn, in Deutsche Literaturdenkmale des 18. und 19. Jahrhunderts in Neudrucken herausgegeben von Bernhard Seuffert, Bd. 24, Heilbronn 1886, S. 67, 68, 69, 102.

Felix Joseph Lipowsky, Karl Theodor, Churfürst von Pfalz-Bayern, Herzog zu Jülich und Berg etc. etc. wie Er war, und wie es wahr ist, oder dessen Leben und Thaten. Aus öffentlichen Verhandlungen und historischen Quellen getreu dargestellt v. F. J. L., Sulzbach, 1828, S. 83, 84, 104, 108, 109.

Aus Mannheimer Geschichtsblätter, herausgegeben vom Mannheimer Altertumsverein:

V. Jhg., 1904: Friedrich Walter, Ein Konflikt zwischen Kurköln und Kurpfalz, Sp. 122 ff.

VI. Jhg., 1905: Eine Mannheimer Faschingspredigt aus dem 18. Jahrhundert, Sp. 66 ff. hier Sp. 68 u. 69.

Karl Theodors Hochzeit, Sp. 182 ff.

Hans Freiherr von Müllenheim-Rechberg, Die Überführung der Leiche der Kurfürstin Elisabeth Augusta von Weinheim nach Heidelberg, Sp. 285 ff.

VIII. Jhg., 1907: Friedrich Walter, Riaucours Gesandschaftsberichte als Quelle zur Geschichte des Kurfürsten Karl Theodor, Sp. 213 ff., hier Sp. 214, 218, 219, 220.

XIII. Jhg., 1912: Aus Oggersheims glanzvollen Tagen, auszugsweise Übersetzungen aus ungedruckten französischen Berichten des kursächsischen Gesandten Grafen von Riaucour, Sp. 62ff.

Der pfälzische Hofkalender von 1734, Sp. 131–138 und 150–158.

XXI. Jhg., 1920: Dr. Mai's Nachruf auf die Kurfürstin Elisabeth Augusta, mitgeteilt von Friedrich Walter, Sp. 37ff.

XXVII. Jhg., 1926: Pöllnitz über den Hof Carl Philipps 1730, Sp. 326ff.

XXIX. Jhg., 1928: Friedrich Walter, Karl Philipp als Statthalter von Tirol, Sp. 28ff.

XXXV Jhg., 1934: Albert Becker, Um die Geburt des Pfälzer Kronprinzen, 28. Juni 1761, Sp. 171ff.

Karl Ludwig Baron von Pöllnitz, Lettres et Mémoires du Baron de Pöllnitz, contenant les Observations qu'il a faites dans ses Voyages et le Caractère des Personnes qui composent les principales Cours de l'Europe, 3. Aufl., Amsterdam 1737, Bd. 1., S. 385ff., Bd. 4, S. 473ff.

Hans Rall, Kurbayern in der letzten Epoche der alten Reichverfassung, 1745–1801, München 1952, S. 561ff.

Friedrich Schmidt, Geschichte der Erziehung der Pfälzischen Wittelsbacher, Urkunden nebst geschichtlichem Überblick und Register in Monumenta Germaniae Paedagogica, Schulordnungen, Schulbücher und Pädagogische Miscellaneen aus dem Lande deutscher Zunge, im Auftrag der Gesellschaft für deutsche Erziehungs- und Schulgeschichte herausgegeben von Karl Kehrbach, Band XIX, S. CLVI, CLVII, CLVIII, CLIX, S. CV und CXXXVII, S. 230–245.

Hans Schmidt, Kurfürst Karl Philipp von der Pfalz, in: Mannheimer Hefte, 1960, Nr. 2, S. 26ff.

Elise Schweller, Die „fanatische Frau", in: „Das Bayerland", hrsg. von Ludwig Deubner, 42. Jhg., Nr. 22, 2. Novemberheft 1931, S. 678.

P. Adamo Straus SJ, Starck und schönes Tugend-Kleid Weyland der Durchleuchtigsten Fürstin und Frauen, Frauen Elisabetha Augustae Franciscae Des Durchlauchtigsten und Mächtigsten Churfürsten zu Pfaltz etc. etc.
Caroli Philippi Churfürstlichen Frauen Tochter, Pfaltz-Gräffin bey Rhein, in Bayern, zu Jülich, Cleve und Bergen, Biese, Slubyko und Kobyl Hertzogin, Fürstin zu Mörß, Gräffin zu Vel-

dentz, Sponheim, der Marck und Ravensberg, Frauen zu Ravenstein, Rowel und Siebitz. Ihre Hochfürstlichen Durchleucht Josephi Caroli Pfaltz-Graffen bey Rhein etc. etc. Liebsten Gemahlin Bey Angezündetem Ehren-Gerüst, und gehaltener Dreytägigen Leich-Besingnuß, In einer Lob-Red vorgestellt von P. Adamo Straus Societatis Jesu, Höchst erwehnter Churfürstlichen Durchleucht Ordinari Hoff-Predigern. In der Catholischen Pfarr-Kirchen der Churfürstlichen Hoff- und Residentz-Stadt Mannheim den 15., 16. und 17. Martii 1728, gedruckt in Mannheim 1728 enthalten in Folio in einem Exemplar eines Sammelbandes von Leichenpredigten in der ehem. Desbillons'schen Bibliothek, nunmehr in der Universitätsbibliothek der Universität Mannheim unter der Signatur 99/190 (8 an-) (vormals 98/189).

Karl. J. Svoboda, Residenz aus Trotz und Trotzdem, Das Mannheimer Schloß, Mannheim 1977.

derselbe, Galerien und Gala am kurpfälzischen Hof zu Mannheim, Kunstsammlungen, Oper und Konzert, Heidelberg 1979.

Friedrich Uhlhorn, Walter Schlesinger, Die Deutschen Territorien, in Gebhardt, Handbuch der deutschen Geschichte, 9. Aufl., hrsg. v. Herbert Grundmann, Bd. 13 der Ausgabe des Deutschen Taschenbuch Verlags (dtv Wissenschaftliche Reihe), München 1974, S. 191 ff.

Eduard Vehse, Geschichte der Höfe der Häuser Baiern, Würtemberg, Baden und Hessen, Hamburg 1853, Zweiter Teil, S. 48 ff.

zu Kapitel 2 soweit nicht schon in Kapitel 1 verwendet:

Amusemens des Eaux de Schwalbach, oder Zeitvertreibe Bey den Wassern zu Schwalbach, Denen Bädern zu Wisbaden, und dem Schlangenbade: Nebst Zweyen lesens würdigen Erzehlungen; Darunter die eine von dem Neuen Jerusalem, und die andere von einem Theil der unter Niemandens Bothmäßigkeit stehenden Tartarey handelt, Mit Kupferstichen versehen und Aus dem französischen ins Deutsche übersetzt. Lüttich, 1739, S. 92 ff., S. 326 ff.

Theodor Alt, Perkeo, in: Ruperto Carola, Illustrierte Fest-Chronik der V. Säcular-Feier der Universität Heidelberg, Heidelberg 1886, S. 62 und 63.

Hermann Conrad, Deutsche Rechtsgeschichte, Bd. II. Neuzeit bis 1806, Karlsruhe 1966, 11, Kapitel § 2 a), bb) S. 211, 212.

D. H. Finsterwald, Johann Peters von Ludewig erläuterte Germania Princeps, Das Buch vom ganzen Pfälzischen Hause und dessen sämtlichen Staaten, Franckfurt und Leipzig 1746. S. 687, 694, 695, 717, 729, 730, 731, 732, 741, 742.

Maximilian Huffschmid, Maria Violanta Theresia Gräfin von Thurn und Taxis, die dritte Gemahlin des Kurfürsten Karl Philipp von der Pfalz in: Mannheimer Geschichtsblätter, XXV. Jhg., 1924, Sp. 87 ff.

Friedrich Schiller, Kabale und Liebe, Ein bürgerliches Trauerspiel, Reclam-Taschenausgabe mit einer Nachbemerkung, Stuttgart 1984.

Hans Schmidt, Kurfürst Karl Philipp von der Pfalz als Reichsfürst, Bd. 2 der Forschungen zur Geschichte Mannheims und der Pfalz, Neue Folge, hrsgg. von der Gesellschaft der Freunde Mannheims und der ehemaligen Kurpfalz, Mannheimer Altertumsverein von 1859, Mannheim 1963, S. 188 ff S. 205, 211.

Zu Kapitel 3 soweit nicht schon in Kapitel 1. u. 2 verwendet:

Gesandtschaftsberichte des Grafen Andreas v. Riaucour von Mannheim nach Dresden aus den Jahren 1749 bis 1778 nach handschriftlichen Excerpten aus dem wissenschaftlichen Nachlaß von Prof. Dr. Friedrich Walter im Stadtarchiv der Stadt Mannheim.

Churpfältzischer (Kurpfälzischer) Hof- und Staatskalender auf das Jahr 1773, 1774 (S. 70), 1775.

Rudolf Haas, Das Palais Bretzenheim in Mannheim A2 und seine Geschichte, Sonderdruck aus der Jubiläumsschrift „100 Jahre Rheinische Hypothekenbank, 2. Aufl., Mannheim 1975.

K. Th. Heigel, Neue Denkwürdigkeiten vom pfalzbayerischen Hofe unter Karl Theodor (zu den Aufzeichnungen des geheimen Kabinettssekretärs Stephan von Stengel) in Zeitschrift für Allgemeine Geschichte, Kultur-, Literatur- und Kunstgeschichte, herausgegeben von H. v. Zwiedineck-Südenhorst, Bd. 4, Stuttgart 1887, S. 433 ff u. S. 549 ff.

Aus Mannheimer Geschichtsblätter, herausgegeben vom Mannheimer Altertumsverein:

I. Jhg. 1900 Friedrich Walter, Die Familie von Bretzenheim, Sp. 36 ff.

Theodor Wilckens, Nochmals die Familie von Bretzenheim Sp. 65 ff.

XXVI. Jhg., 1925: Lambert Graf von Oberndorff, Die Standeserhebung der Gräfin von Parckstein nach Akten des gräflich Oberndorff'schen Archivs, Sp. 244 ff.
Memoires du Chevalier Christian de Mannlich, 1740–1822, Publiés par Joseph Delage, Paris, 1948, Kapitel 4, S. 182 ff.
Rokoko und Revolution, 2. Auflage der unter dem Titel „Ein deutscher Maler und Hofmann" erschienenen Lebenserinnerungen des Joh. Christian v. Mannlich, 1741–1822. Nach der französischen Originalhandschrift herausgegeben von Eugen Stollreither, Berlin 1913, S. 17, 18, S. 39 ff.
Rokoko und Revolution, Lebenserinnerungen des Joh. Christian von Mannlich, hrsg. v. Eugen Stollreither, 3. Aufl., Berlin 1923, S. 72, 73, 74, 75.
Rokoko und Revolution, Lebenserinnerungen des Johann Christian von Mannlich, 1741–1822 aufgrund der Ausgaben von Eugen Stollreither neu bearbeitet durch Friedrich Mathaesius, Stuttgart 1966.
Mozart, Briefe und Aufzeichnungen, Gesamtausgabe, herausgegeben von der Internationalen Stiftung Mozarteum Salzburg gesammelt und erläutert v. Wilhelm A. Bauer und Otto Friedrich Deutsch.
Kassel, Basel, London, New York 1962, Bd. II 1777–1779, S. 108 ff.
Gerhart Nebinger, Die Nachkommen des Kurfürsten Carl Theodor von der Pfalz und Bayern (Pfalzbaiern), in Blätter des Bayerischen Landesvereins für Familienkunde, hrsg. vom Bayerischen Landesverein für Familienkunde e. V., München 40, Winzerstr. 68, Bd. XIII, 42. Jahrgang 1979, Nr. 9/10, S. 352 ff.
Jean-Jacques Olivier, Les Comédiens Français dans les Cours d'Allemagne au XVIIIe Siècle, Ire Serie, La Cour électorale palatine, préface de M. Emile Faguet, Paris 1901, S. 49 ff, 80.
Gustav Schilling, Encyclopädie der gesammten musikalischen Wissenschaften oder Universal-Lexikon der Tonkunst, Stuttgart 1838, S. 845, 846.
Fr. Chr. Schlosser's Weltgeschichte für das deutsche Volk, Zweite Ausgabe, Oberhausen und Leipzig 1873, Bd. 14, S. 214, 235 ff.
Ernst Leopold Stahl, Mozart am Oberrhein, Schicksalswende in Mannheim, Straßburg 1942, S. 12 ff.
derselbe, Das Europäische Mannheim, Erster Teil, Mannheim 1940, S. 140 ff, S. 204 ff.

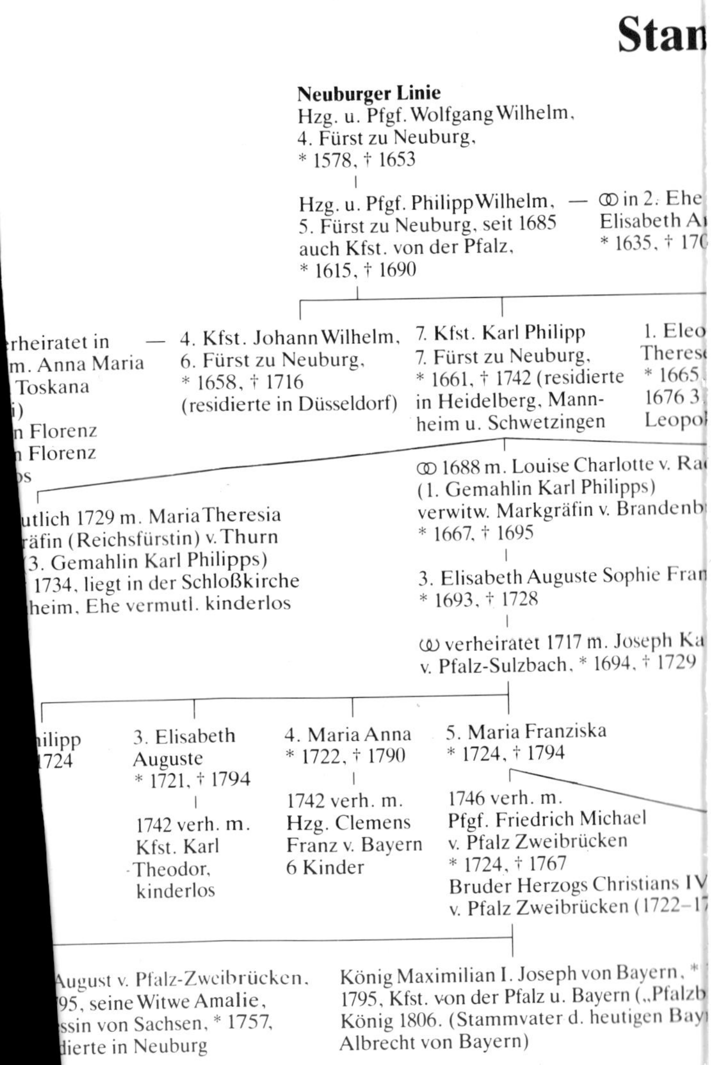

Friedrich Walter, Geschichte des Theaters und der Musik am kurpfälzischen Hofe, Forschungen zur Geschichte Mannheims und der Pfalz, hrsg. v. Mannheimer Altertumsverein, Leipzig 1898, S. 36, S. 99, 161, 366.

derselbe, Geschichte Mannheims von den ersten Anfängen bis zum Übergang an Baden (1802), Bd. 1 der Jubiläumsausgabe der Stadt: Mannheim in Vergangenheit und Gegenwart, Mannheim 1907, insbesondere S. 529 ff.

Fritz Graf Westerholt–Arenfels, Max Friedrich Graf Westerholt, seine Familie und seine Zeit, Köln 1939, S. 65 ff, S. 85 ff.

Zu Kapitel 4 und Schluß soweit nicht schon in Kapitel 1, 2 und 3 verwendet:

Giacomo Casanova, Chevalier de Seingalt, Geschichte meines Lebens, Bd. 3, Kap. 8 u. 9, Bd. 5, Kap. 5, deutsche Übersetzung von Heinz von Sauter, hrsg. und eingeleitet von Erich Loos, Bd. I und II der Ausgabe des Verlags Zweitausendeins, Frankfurt/M.

Johann Wolfgang von Goethe, Faust, der Tragödie zweiter Teil, fünfter Akt, 6. Band der Goethe-Werke-Ausgabe des Insel-Verlages Frankfurt/Main 1981.

Berthold Roland, Johann Christian von Mannlich: Portrait du Prince Max en costume turc, 1763, Jubiläumsgabe 1983 der Landesbank Rheinland-Pfalz an Schloß „Villa Ludwigshöhe“, Mainz 1983.

Über den Autor:

Karl J. Svoboda ist Professor an der Berufsakademie – Staatlichen Studienakademie Mannheim als Fachleiter.

Geboren am 10. Mai 1933 in Lundenburg (Břeclav, ČSSR, zwischen Wien und Brünn gelegen) legte er 1953 die Reifeprüfung am Tulla-Realgymnasium in Mannheim ab.

Nach dem Studium der Rechtswissenschaften in Heidelberg von 1953 bis 1957 legte er die Erste juristische Staatsprüfung ab. 1961 folgte die Zweite juristische Staatsprüfung. Im Juni 1968 erfolgte die Promotion zum Dr. iur. an der Johannes-Gutenberg-Universität in Mainz.

Nach entsprechenden theologischen und religionspädagogischen Studien am Institut für Theologisch-Pastorale Aus- und Weiterbildung der Erzdiözese Freiburg wurde ihm im Jahre 1977 die „missio canonica“ für den Unterricht im Fach „Kathol. Religionslehre“ verliehen.

Als Akademischer Oberrat und zuvor im Rektorat der Universität Mannheim hatte er seine dienstlichen Räume rund 10 Jahre im Mannheimer Schloß.

Zahlreiche kultur- und rechtshistorische Veröffentlichungen, Rezensionen und Buchpublikationen begleiten seine berufliche Tätigkeit.